Ruth Vogelsang

Helfer und Heilige

RUTH VOGELSANG

Helfer
und Heilige

Die vierzehn Nothelfer
in Legenden und Märchen

Mit 16 Hinterglasbildern
von Ruth Vogelsang

Herder
Freiburg · Basel · Wien

Umschlaggestaltung: Josef Geisert
unter Verwendung einer Hinterglasmalerei von Ruth Vogelsang

Alle Rechte vorbehalten – Printed in Germany
© Verlag Herder Freiburg im Breisgau 1993
Herstellung: Freiburger Graphische Betriebe 1993
ISBN 3-451-23088-7

INHALT

EINFÜHRUNG 7

HEILIGE HELFER 11

WALLFAHRT 21

LEGENDEN UND LEGENDENMÄRCHEN

1. ACHATIUS 27
   Die Fahrt zum goldenen Berg 32

2. ÄGIDIUS 37
   Die schöne Genoveva 42

3. BLASIUS 47
   Die zwei Brüder 52

4. CHRISTOPHORUS 61
   Glückskind 64

5. CYRIAKUS 71
   Die Königstochter von Babylon 73

6. DIONYSIUS 81
   Der Mesnersohn, der sich nicht fürchtete 83

7. ERASMUS 87
   Der Schuster am Meer 91

8. EUSTACHIUS 101
   Der Jäger 104

9. GEORG 111
   Der Sohn des Schmieds 116

10. PANTALEON 125
    Ohnhändchen 127

11. VITUS 131
    Das Federlein vom Hahn des heiligen Veit 136

12. BARBARA 141
    Die Tochter des Helios 146

13. KATHARINA 155
    Die kluge Katharina 158

14. MARGARETA 165
    Die Schlangenbraut 168

DIE RÜCKKEHR DER HILFREICHEN VIERZEHN 173

EINFÜHRUNG

Die liebenswürdige Schar der Vierzehn Nothelfer bietet sich an, die Entstehungsgeschichte eines Kults nachzuvollziehen, der sich im ausgehenden Mittelalter bildete, vor allem im 16.–18. Jahrhundert weit verbreitet war und heute noch in einigen Gegenden Süddeutschlands, vor allem aber in seiner fränkischen Heimat ausgeübt wird. Zeitzeugnisse, Werke der Geschichtsschreibung, verschiedene Forschungsergebnisse ermöglichen die historische Einordnung. Allerdings werden die Grenzen dieser Bemühungen sichtbar, führt uns doch die Gruppe außer in den historisch faßbaren Zeitraum auch in den schwer zugänglichen Bereich zwischen Historie und Volksglauben, Hagiographie und Märchen. Menschliche Hilfsbedürftigkeit und spielerische Phantasie, Lebensangst und Wunderglaube ließen immer wieder Vorstellungen von überirdischer Hilfe entstehen. In Geschichten wenigstens fand man Freiheit und Glück, die das politisch-soziale Umfeld so oft vorenthielt. Diese Geschichten sind ebenso Zeugnisse menschlicher Entwicklung wie historische Daten. Auch wenn wir sie heute vor allem nach Wahrheitsgehalt, Information und reiner Erfindung zu trennen wissen, bleibt zusätzlich eine Botschaft, die sie zeitlos wertvoll macht: die der Träume. Würden wir deren Wirklichkeit übersehen, fehlte uns ein wesentliches Merkmal bei der Betrachtung des menschlichen Seins. Martin Luther Kings „I have a dream" galt und gilt für viele Motivationen im großen und kleinen Weltgeschehen.

Die Anregung zu dieser Arbeit erhielt ich durch die langjährige Beschäftigung mit der volkstümlichen Hinterglasmalerei und die Praxis im Märchenerzählen. Auch verdanke ich sie der Erinnerung an Frauen aus der Oberpfalz und aus Schwaben, die Sagen, Volksmärchen und Legenden vor allem an den langen Winterabenden in den Kriegsjahren erzählten, wobei sie Gehörtes und Gelesenes nicht genau trennten. Treue zur Überlieferung verband sich gelegentlich mit der eigenen Phantasie; denn sie waren keine Sammlerinnen, sie wollten einfach Kinder unterhalten. Zum Beispiel war es durchaus üblich, daß sie den Helferinnen und Helfern im Volksmärchen die Namen vertrauter Heiliger, auch der eigenen Namenspatrone gaben.

HEILIGE HELFER

„Ich bin alt wie die Steine, um dich zu hören, tief wie das Moos,
um dich zu hören. Mein Antlitz ist ohne Zorn, ohne Staunen, mit-
leidbeladen seit vielen Jahren, um dich zu hören."

(Gabriela Mistral)

Die Geschichte wunderbarer Helfer reicht wohl weiter zurück,
als Historiker und Archäologen nachzuweisen vermögen.
Geburt und Tod, allgegenwärtig wie Sonnenaufgang und Son-
nenuntergang, Mondphasen, Jahreszeiten mit ihrem Werden und
Vergehen, erwiesen sich als unumgänglich Gegebenes in der Natur und damit im menschlichen Leben selbst. Die Frage nach Beginn und Ende, nach dem Wesen der sichtbaren Dinge hat trotz
eines tiefgreifenden Wandels der Fragestellung nicht aufgehört,
uns zu bewegen. Ließ Neugeborenes hoffen, so verstörte der Tod.
Doch mit den Toten zu reden war möglich, denn im Herzen, im
Gedächtnis, in den Träumen lebten sie weiter. In diesem unsicht-
baren, nicht faßbaren Raum gelang es, in jenseitige Welten vorzu-

dringen, Bilder zu schaffen für das Geheimnis des endlichen Seins.

Es scheint, als hätte es dabei von Anfang an ein Wissen um die Unverzichtbarkeit von Vertrauen gegeben. Die Mutter ist die erste, die es vermittelt, wenn sie das Kind an die Brust legt; der Vater, die nähere Umwelt treten hinzu. Unter diesem Schutz wächst im Kind allmählich die Fähigkeit, sich auf die eigenen Kräfte zu verlassen. Mangelt es allerdings an liebender Fürsorge, wird gar Ablehnung erfahren, so entsteht ein Defizit, dessen Folgen lebenslang spürbar sind. Überschattet von unfaßbaren, anonymen Ängsten, schrumpft die Vitalität oder entlädt sich in unkontrollierter Aggression. Dennoch wird einer solcherart belastenden Kindheit wegen der Lebensmut erstaunlich selten ganz aufgegeben. Geheimnisvolle Kräfte scheinen wirksam, die nach einem Urgrund des Vertrauens suchen lassen – sind auch die Wege dieser Suchwanderung noch so verschlungen, ist das Ziel noch so verborgen.

Aus der Erfahrung von Hilfsbedürftigkeit und Zuwendung, von Not und Rettung entstanden wohl früh schon die Vorstellungen wunderbarer Helfer. Sie wurden mit Fähigkeiten ausgestattet, die über die Möglichkeiten gewöhnlicher Menschen weit hinausgingen.

Schienen in den Religionen der Welt die großen Gottheiten oft unbegreiflich und erschreckend – in hilfreichen Gestalten personifizierte sich ihre gütige Zuwendung. Sowohl bei Naturvölkern wie in Hochkulturen finden wir die wunderbaren Helferinnen und Helfer.

Während sie dort meist einen bestimmten Namen, einen besonderen Lebenslauf und – oft in Zusammenhang mit diesem – eine bestimmte Funktion haben, bleiben Helfende in den Volksmärchen anonym. Sie treten auf als alte Mütterchen, graue und grüne Männlein, weise Frauen, ehrwürdige Männer mit schneeweißem Gewand und Bart. Sie scheinen aller übrigen Lebensaufgaben enthoben; es ist, als träte die Hilfe selbst in Aktion. Variiert wird dies, wenn Helfer in Tiergestalt erscheinen, von der sie oft am Ende erlöst werden, nachdem sie das Schicksal der Märchenhelden durch ihr Eingreifen zum Guten gewendet haben. (Hier klingt das Motiv der Erlösung durch Arme Seelen an, das vor allem in ländlich-katholischen Gegenden daheim ist. Jene, selbst hilfsbedürftig, warnen oder schützen die Lebenden, um dadurch aus dem Fegfeuer erlöst zu werden.) Eine besondere Rolle spielt der Teufel und seine Großmutter, die zugunsten eines „Glückskinds" ihr böses Image aufgeben und am Heilsplan mitwirken. So können sich die Auserwählten selbst in die Hölle begeben – ihnen wird immer geholfen. Die Spuren solch zwielichtiger Helfer lassen sich weit in vorchristliche Zeiten verfolgen. Beeindruckt zum einen die Zuversicht des Erzählers und seines Publikums, so fehlt natürlich nicht das Vergnügen an der „Herausforderung des Dämons".

Zwischen Vita, Legende, Märchen bewegt sich das Legendenmärchen, in dem die Helfer als vertraute Gestalten der Heiligenverehrung namentlich genannt werden. Wirken die Helfer der Volksmärchen durch ihre Anonymität fast überzeugender als die Heiligen der Legendenmärchen – die ja nicht selten schwankhafte

Züge aufweisen –, so sprechen diese in den besten Werken der bildenden Kunst wie in den oft besonders innigen der Volkskunst eine zeitlose Sprache, die zu Herzen geht. Da sehen wir die von Zufälligkeit befreiten Menschen in seliger Vollendung, den Schrecken der Welt nicht mehr ausgeliefert. Zwar finden wir die grausamen Folterwerkzeuge, Schwert, Rad, Feuer usw. – doch wie beschwingt erhebt sich der Held darüber, wie lieblich lächelt die Jungfrau, wie heiter glänzt das gesunde Antlitz. Erlöst stehen sie uns gegenüber, und wir fühlen uns angesprochen von der in ihnen geoffenbarten Zuversicht, die wir schließlich auch in uns selbst entdecken, wiederfinden können.

*

Zu den am meisten verehrten Heiligen gehörten im ausgehenden Mittelalter und im Spätbarock die Vierzehn Nothelfer. Zahlreiche Darstellungen erinnern daran: Sie sitzen auf Wolken und stehen auf den Ästen des Lebensbaums. Bildstöcke, Brunnen, Leuchter, selbst Türfüllungen erinnern an sie; die Ehre der Altäre wurde ihnen zuteil. In strahlender, spätbarocker Herrlichkeit empfangen sie uns in ihrer prächtigsten Residenz, Balthasar Neumanns Basilika Vierzehnheiligen bei Staffelstein in Oberfranken. Elf Männer und drei Frauen bilden die Gruppe, der Tradition entsprechend durch ihre Attribute gekennzeichnet und so auch für Analphabeten lesbar:

Achatius, der römische Soldat, mit Dornenkrone und Kreuz – Ägidius, der Einsiedler-Abt mit der Hirschkuh – Blasius, der Bischof mit den gekreuzten Kerzen – Christophorus, der Riese mit dem Kind – Cyriakus, der Diakon mit gefesseltem Dämon und Almosenbeutel – Dionysius, der Bischof, der sein Haupt trägt – Erasmus mit der Ankerwinde – der Jäger Eustachius mit dem Hirsch – der Drachenbezwinger Georg – Pantaleon mit auf den Kopf genagelten Händen – Vitus, der jugendliche Held mit Kessel und Hahn. Zu ihnen treten die drei heiligen Jungfrauen: Barbara mit dem Turm – Margareta mit dem Wurm – Katharina mit dem Rad.

Sie alle scharen sich um das Jesuskind, das ihre Mitte und Krone bildet. In volkstümlichen Darstellungen sitzt es oft auf den Schultern des Christophorus oder auf dem Arm Mariens, der Königin aller Heiligen.

Ehe sie sich im 15. Jahrhundert zusammenfanden, waren die vierzehn bereits als einzelne Helfer bekannt oder traten in kleineren Gruppen auf. So wurden Georg und Margareta als heiliges Paar vor allem in der Ostkirche verehrt. Eine eigenständige Gruppe waren auch die drei heiligen Jungfrauen, in denen man kaum zu Unrecht Nachfahrinnen alter weiblicher Dreiergottheiten vermutet. Neben regionalen Besonderheiten spielt dabei auch die Magie der Zahl herein. Die Fähigkeit, mit Hilfe von Ziffern zu bestimmen, zu trennen, zusammenzufassen, kurz, das Chaos zu ordnen, gilt fast allen Kulturen als unverzichtbar. Denken wir nur an die Drei, in der sich das Leben selbst mit Geburt, Leben, Tod auszudrücken scheint und die uns in unzähligen Bedeutungen begegnet. Vier als Zahl der Himmelsrichtungen gilt als die alles Ordnende. Drei und vier ergeben die Sieben, Glückszahl und Zahl des Unheils zugleich. Als ihr Zweifaches gewinnt die Vierzehn ihre Bedeutung. Es scheint, als würde durch die Verdoppelung das Unheil ausgeschlossen und das Glückbringende gestärkt.

Den Heiligen, die sich zu den Vierzehn Nothelfern zusammenfügten, wurde ein gemeinsames Merkmal verliehen: Wer sie anrufen würde, sollte erhört werden. Das hatte ihnen Gott auf ihre Bitten hin bei ihrem Tod versprochen.

Daß wir uns hier in dem Bereich des dem „Verstand des Verständigen" nicht mehr mühelos Zugänglichem bewegen, schon der Bericht des Mirakelbuchs von Vierzehnheiligen macht dies deutlich: Am Abend des 29. Juli 1446 erschien dem Sohn eines Schäfers der Zisterzienser-Abtei Langheim ein nacktes Kindlein, das war „alß klar alß die Sunn". Vierzehn Kindlein, halb rot, halb weiß gekleidet, umstanden es, während es sprach: „Wir sein die viertzehn nothelffer und wöllen ein Capellen haben auch gnediglich hier rasten und biß unser diener, so wollen wir deine diener wieder sein."

Die Vision weist auf die bereits andernorts beginnende Nothelferverehrung wie auch auf andere Zeitströmungen, etwa das durch mystisch begabte Nonnen im 13. und 14. Jahrhundert entstandene Brauchtum des Kindlwiegens oder die bisweilen bizarre, weitverbreitete Verehrung der Unschuldigen Kindlein.

Bei der Amtskirche trafen die Vision und der sich daraus ergebende Anspruch auf eine Wallfahrt zu deren Ort zunächst auf Ablehnung. Doch das Bedürfnis des Volks, das Geheimnis des Glaubens fassen zu können in bunten Bildern, aufregenden und herzbewegenden Mirakelberichten, war so überwältigend, wie

Nöte, Krankheiten, Armut unausweichlich schienen. Hinter der Verehrung der Nothelfer stand die ruhige und stärkende „Gewißheit ..., daß auch unser eigenes Leben in den geheimnisvollen Sinn der Welt verwoben ist" (Johan Huizinga).

Die Obrigkeit mußte schließlich nachgeben, die Vision anerkennen, dem Bau einer Wallfahrtskirche zustimmen. Doch legte sie Wert auf theologisch unanfechtbare Darstellung. Die vierzehn Kinder mußten also erwachsen werden, vertraute und ehrwürdige Namen wurden ihnen verliehen. Grundlage sollten Viten aus den ersten christlichen Jahrhunderten bilden, die aufgrund amtlicher Protokolle von Verhören und Aburteilungen erstellt worden waren, die sog. Passiones oder Martyrien. Allerdings liebte das Volk weit mehr die Wundererzählungen, wie sie uns aus der „Legenda aurea" des Jacobus de Voragine bekannt sind und von der eine Handschrift aus Deutschland auf 1282 datiert ist.

Jedenfalls wurden die eindrucksvollen Gestalten aus der Frühzeit des Christentums zur Grundlage der Verehrung. Das fiel um so leichter, als allein das zeremonielle Gewand, das die Kinder bei der Erscheinung trugen, sie in den Rang hoher geistlicher und weltlicher Würdenträger erhob. Die Zeit mit ihrer Lust am Grausigen, ihrem Kontrast von Prunk und Elend war ja auch noch weit von Kinder- und Schäferseligkeit entfernt, mochte auch das ganze Leben die „Farbe des Märchens" haben, mochten sich Todessehnsucht und Höllenfurcht zuweilen mit zartester Minne verbinden.

In der Vision des Schäfersohns klingt denn auch ein Ton an, der uns anrührt. Die vierzehn Kinder, die sich um das Jesuskind scharen, erklären sich bereit, zu helfen. Das Bild dieser Kinder wird in Zukunft Mütter und Kinder und viele Menschen trösten, die ohne Einfluß und Macht sind. Die Zeilen aus Brentanos „Eingang" mögen uns in den Sinn kommen: „Was lächelnd winkt und sinnend fleht, das soll kein Kind betrüben." Von der Erscheinung über den Dreißigjährigen Krieg zum Barock, wo die Verehrung neu aufblüht, über die Romantik mit ihrem eher märchenhaft aufgefaßten Katholizismus bis in unser Jahrhundert, wo der Traum vom Jesuskind seit C. G. Jung als Beginn der seelischen Heilung gilt, erzählt die Geschichte der Vierzehn Nothelfer von der Hilfsbedürftigkeit der Menschen ebenso wie von dem immer neu aufblühenden Glauben an Hilfe in der Not.

WALLFAHRT

„Wenn milde Schauer im April des Märzen Dürre durchdrungen und jede Ader mit dem Saft durchtränkt, der kraftvoll Blumen sprießen läßt; wenn Zephyr mit seinem weichen Hauch die zarten Triebe weckt und die junge Sonne im Zeichen des Widders den halben Weg durchmessen; wenn kleine Vögel, die offnen Augs die Nacht durchwacht, ihre Melodien singen – dann drängt es die Menschen, auf Pilgerfahrt zu gehen."

(Geoffrey Chaucer)

Nicht nur Nomaden sind ihrer Natur nach Wanderer. Auch der Seßhafte will fremde Länder sehen, an entlegene und gepriesene Orte vordringen.

Eine der beliebtesten Reisearten – lang ehe der moderne Tourismus ungeahnte Möglichkeiten erschloß – war neben der Handelsreise die Wallfahrt. Es scheint, als seien zeitweilig alle Bevölkerungsschichten vom Verlangen erfaßt worden, aus der Enge des Alltags aufzubrechen zu einem Ort, der verheißungsvoll wie das Paradies, doch leichter zu erreichen war. Religiös motivierte Reisen waren ja für viele die einzig tolerierte Möglichkeit, von zu Hause wenigstens gelegentlich fortzugehen. So ist es auch verständlich, daß diese Reisen nicht immer nur der Erbauung dienten. Gregor von Nyssa schrieb bereits im 4. Jahrhundert, daß durch eine Wallfahrt noch niemand heilig geworden sei. In einem Brief an Cuthbert von Canterbury fordert Bonifatius (675–754), daß die geistlichen und weltlichen Oberen Frauen, vor allem Nonnen, die Wallfahrt nach Rom untersagen sollten. In der Literatur des Mittelalters werden Pilgerreisen nicht selten als zügellose Vergnügungsreisen dargestellt. Thomas von Kempen (1379 bis 1471), einer der wichtigsten Vertreter der Devotio moderna, meint, daß selten heilig wird, wer viele Wallfahrten unternimmt. Derber drückt es eine volkstümliche Redensart aus: „Als Pilgerin fortgehen, als Hure wiederkommen." Neben sittlichen Gefahren drohten auch Übervorteilung durch Herbergswirte, Raub, selbst Mord.

Wir stellen uns freilich den frommen Pilger viel lieber vor wie Tolstois Jelissei Bodrow. Und es war ja auch so, daß Religion immer gegenwärtig und bestimmend war. Sie erfüllte den Alltag von Fürsten und Kaufleuten, Handwerkern und Bauern. Wallfahren galt vielfach als unverzichtbar. Es kam vor, daß jemand seine ganze Habe veräußerte und seine Angehörigen in tiefer Not zurückließ, um zu einer der großen und berühmten Pilgerstätten zu ziehen, sei es ins Heilige Land selbst, nach Rom oder zum Grab des Apostels Jakobus in Santiago de Compostela.

Allmählich aber wuchs der Wunsch nach Wallfahrtsorten in

vernünftiger Nähe zum Heimatort, von denen man in angemessener Zeit zurückkommen konnte. Es entstanden Wallfahrten zu Stätten, wo Reliquien aufbewahrt wurden, seien es Kleidungsstücke oder Berührungsreliquien. Nachdem die Praxis der Teilung von Gebeinen der Märtyrer durch Rom toleriert wurde, konnten sie für Kirchen erworben werden, um Pilger anzulocken.

Eine besondere Rolle spielten auch die Orte, von denen es hieß, daß Engel oder Heilige erschienen seien; sie standen in hohem Ansehen. Es ist verständlich, daß der Erscheinungsort von gleich vierzehn heiligen Helfern vor allem in der näheren Umgebung bald regen Zulauf fand. Für das Zisterzienserkloster Langheim, nördlich von Bamberg, bedeutete das zudem einen willkommenen Ersatz für Marienweiher, die von ihnen seit dem 12. Jahrhundert betreute älteste Marienwallfahrt Frankens, die 1430 von Hussiten zerstört worden war.

Die erste Kirche für die Vierzehn wurde im April 1448 eingeweiht. Kaiser Friedrich III. besuchte sie 1471 auf seinem Weg von Graz nach Nürnberg. Das förderte den Ruf der Wallfahrt über Franken hinaus, und die Nothelferverehrung breitete sich auch in Südbayern und Österreich, Sachsen und Schlesien aus. Die weitere Geschichte Vierzehnheiligens spiegelt die weltlichen und geistlichen Machtkämpfe während der folgenden Jahrhunderte wider. Die erste Kirche wurde 1525 während des Bauernaufstands zerstört. 1543 wurde die neue gotische Hallenkirche geweiht, die Wallfahrt blühte erneut auf. Nach dem Ende des Dreißigjährigen Kriegs, in dem die Mönche das Kloster hatten verlassen müssen, begann sie erneut. Nach Plänen Balthasar Neumanns wurde 1772 die neue Kirche eingeweiht. 1803 wurde das Kloster aufgehoben, 1835 zerstörte ein Feuer Turm, Dach und Orgel. Appianis Fresken wurden zwischen 1849 und 1871 im Nazarenerstil übermalt. 1982 begann eine umfangreiche Restaurierung der Wallfahrtskirche mit dem Ziel, ihr das einmalige Raumgefüge zurückzugeben. Am 23.8.1990 stand in der „Süddeutschen Zeitung": „Die Basilika, zweifelsohne ein Sakralbau von internationalem Rang, strahlt wieder den verhaltenen Überschwang spätbarocker Frömmigkeit aus."

Wallfahrtsgeschichte, Zeitgeschichte, Geschichte geistiger Auseinandersetzungen von erschreckendem Ausmaß ist immer auch die Geschichte der menschlichen Sehnsucht nach Trost, die Zuflucht suchen ließ an Orten, wo man himmlische Hilfe erhoffte. Immer gab es solche Stätten, die als Epiphanie des Numinosen, als Pforte des Himmels empfunden wurden. Heilige Haine und Quellen, erhabene Bergeshöhen und sanfte, vom Duft heilbringender Kräuter erfüllte Täler wurden als Ausdruck göttlichen Wirkens empfunden, an dem man teilhaben konnte. Noch heute ist der Zauber solcher Orte zu spüren, und immer noch kann es geschehen, daß das Herz dort bewegt wird vom Atem eines uralten Gefühls für sein Geheimnis. Die schönsten Wallfahrtskirchen zeigen, daß auch ihre Baumeister das erfaßt und umgesetzt haben.

LEGENDEN
UND
LEGENDENMÄRCHEN

ACHATIUS

Früheste Darstellungen des Heiligen finden sich auf Wandge-
mälden in der Marienkirche in Bergen auf Rügen aus der ersten
Hälfte des 13. Jahrhunderts, auch auf einem Glasgemälde im
Straßburger Münster (Anfang 14. Jahrhunderts), dort mit der Inschrift „Dux Achatius". Nach M. Kreitner wurde die Legende zur
Ermutigung der Kreuzfahrer erzählt. In das Römische Martyrologium wurden Achatius und seine zehntausend (!) Gefährten erst
von Gregor XIII. (1572–1585) aufgenommen. Als Nothelfer ver-
ehrte man ihn besonders in Bayern, Böhmen und Österreich.

Die Legende führt uns nach Kleinasien zur Zeit Kaiser Hadrians
(117–138 n. Chr.), der uns freilich nicht als der gebildete, weitge-
reiste Herrscher, der Städtegründer und Bewunderer griechischer
Geisteswelt vorgestellt wird. Eher finden wir den mit Komplexen
beladenen Charakter wieder, der sich in Rom unbeliebt gemacht
hatte; auch den Feldherrn, dem die Truppendisziplin besonders
wichtig war. In dieses Bild paßt sein Zorn über den Abfall seines
Hauptmanns zu einer der verachteten orientalischen Sekten.

Achatius wird dem Kaiser, der vor den Armeniern fliehen muß, als strahlender christlicher Antagonist gegenübergestellt. Er besiegt die Feinde, nachdem er sich zum Christentum bekehrt hat. Die Legende erinnert hier an den Bericht des Eusebius von Konstantins Traum an der Milvischen Brücke, wo dem Kaiser ein Kreuz aus Licht über der Sonne erschien mit der Inschrift: „In hoc vince." Dem Achaz erscheint ein Engel, der ihm und seinen Soldaten den Sieg verheißt, wenn sie Christus anbeten. Der Berg Ararat als Schauplatz des Kampfes führt uns über das historische Umfeld hinaus. Auf diesem Berg war Noachs Arche gelandet, hier wurde der Bund mit Gott geschlossen und mit dem Zeichen des Regenbogens besiegelt. Die Phantasie des Mittelalters griff zum schönen, mystisch bewegten Bild von der Entrückung des Achatius und seiner Gefährten auf den geheiligten Berg, wo sieben Engel sie im Glauben unterwiesen und mit himmlischer Speise nährten.

Es ist die Vorstellung vieler Mythen von der Jenseitsreise, die uns auch in Märchen begegnet und noch in Cézannes Bildern der Montagne Sainte-Victoire und Thomas Manns „Zauberberg" anklingt. In der Legende wird der Ararat zum kosmischen Berg, wo sich Himmel und Erde treffen.

In Jacobus de Voragines Bartholomäuslegende, in der sich das Schicksal des Apostels mit dem des Achaz verknüpft, klingt eine andere Form der Jenseitsfahrt an. Zusammen mit dem von den Mördern des Bartholomäus auf dem Meer ausgesetzten Sarg treiben als Begleiter die Särge mit den Heiligen Papinus, Lucianus, Gregorius und Achatius zur ligurischen Küste. Achatius kommt nach Kalabrien und wird Schutzpatron der Stadt Chale.

Alte Geschichten werden lebendig, etwa die Fahrt des Odysseus zu den Phäaken oder die beliebten Berichte über Sindbad den Seefahrer.

Die makabre Faszination des Mittelalters für grausige Martern verliert durch solche Zusammenhänge ihre Bedeutung. Sie werden Teile des unerhörten Abenteuers der Seelenfahrt durch die irdischen Schrecken zur ewigen Seligkeit.

Die Fahrt zum goldenen Berg

Vor langer Zeit, als noch nicht einmal der Vater meines Großvaters auf der Welt war, lebte einmal ein reicher Kaufmann, dessen Schiffe fuhren weit übers Meer und brachten Schätze heim. Aber wie es so geht, eines Tages kam die Nachricht, daß eines der Schiffe gesunken und das andere verschollen sei. Weil aber all sein Vermögen mit den Schiffen unterwegs war, wurde der reiche Kaufmann auf einmal ein armer Mann, dem nichts blieb als ein schlechter Acker. Eines Tages, als er betrübt nachdachte über sein Geschick, wanderte er hinaus auf den Acker, ging immer hin und her und wußte sich keinen Rat.

Da stand auf einmal ein kohlschwarzes Männlein vor ihm und fragte: „He, Kaufmann, was fehlt dir? Du machst ja ein Gesicht, als hättest du Essig getrunken!" Zuerst wollte der Kaufmann nicht mit dem Männlein reden, aber dann ließ er sich doch darauf ein und erzählte ihm von seinem Mißgeschick. „Wenn's weiter nichts ist", sagte das Männlein, „so will ich dir schon helfen. Versprich mir nur, das, was dir zu Hause als erstes begegnet, in zwölf Jahren hierher auf den Acker zu bringen, dann sollst du Geld und Gut haben, soviel du dir wünschst." Der Kaufmann dachte: „Das wird wohl mein Hündlein sein", und obwohl es ihm um das Tierchen leid war, schlug er doch ein. Da zog das Männlein Papier, Tinte und Feder aus der Tasche, setzte einen Vertrag auf, und der Kaufmann unterschrieb.

Er hatte aber zwei Kinder, ein Mägdlein und ein Knäblein, die waren noch klein und konnten nicht laufen. Als er nun heimkam, hatte der Knabe gerade die ersten Schrittlein getan, freute sich, als er den Vater sah, und wackelte ihm entgegen. Da erschrak der Kaufmann und hätte gern den Vertrag wieder rückgängig gemacht, aber dazu war es zu spät. Weil sich aber daheim nichts verändert hatte, glaubte er, es sei alles ein Scherz gewesen, und tröstete sich.

Aber kaum war ein Monat vergangen, da kehrte das verschollene Schiff mit reichen Schätzen zurück, und nach einiger Zeit lief auch das andere in den Hafen und war gar nicht untergegangen, sondern zu einer fernen Insel gelangt, von der es mit Gold und Perlen wiederkehrte. Da war der Kaufmann reicher als zuvor, und weil die zwölf Jahre noch weit waren, genoß er seinen Reichtum und machte sich mit seiner Familie und seinen Freunden ein lustiges Leben. Die Kinder wuchsen heran, und als sie alt genug waren, gingen sie zur Schule. Da kamen sie jeden Tag an der Kirche vorbei, an der stand ein steinerner Achaz. Der gefiel dem Knaben so gut, daß er immer die Mütze abnahm und ihn grüßte. Als das Mägdlein das sah, wollte es auch etwas tun und legte manchmal ein Sträußlein hin. Der Vater aber verlor allmählich die Freude an seinem Reichtum, und je näher die Zeit rückte, da die zwölf Jahre um wären, desto betrübter wurde er.

Eines Tages fragte der Knabe: „Lieber Vater, warum bist du denn immer so traurig?" Endlich, weil er immer wieder fragte, sagte er ihm, was er dem schwarzen Männlein versprochen hatte. Da tröstete ihn der Knabe und sagte: „Sei zufrieden, lieber Vater, es wird schon alles gutgehen."

Da blieb der Knabe jeden Tag bei dem steinernen Achaz stehen, schaute zu ihm hinauf und meinte, der werde ihm helfen. Als nun der Tag gekommen war, ging der Vater mit seinem Sohn auf den Acker und wartete. Der Sohn aber machte mit einem Stecklein einen Kreis um sich und den Vater, da stellten sie sich hinein und warteten.

Als nun das Männlein kam, ward es zornig und befahl dem Knaben, aus dem Kreis zu gehen; aber der gehorchte ihm nicht. Der Streit ging hin und her, und weil sie sich nicht einigen konnten, sagte der Knabe, er wolle weder mit dem Vater noch mit dem Männlein gehen, denn keiner solle ihn bekommen. Da beschlossen sie, ihn in eine Kiste zu legen, die verschloß das Männlein, dann wurde sie in den Fluß geworfen, und der Vater mußte sie mit dem Fuß vom Ufer wegstoßen. In der Kiste aber war es ganz hell, und da saß ein Mann, von dem ging das Licht aus.

Das war niemand anders als der heilige Achaz, der führte die Kiste zu einem Berg, auf dem stand ein goldenes Schloß. Da mußte der Knabe aussteigen und ging hinauf in das Schloß, das war ganz leer. Er ging durch alle Zimmer, bis er schließlich im letzten eine Natter sah, die ringelte sich auf dem Boden und sprach: „Sei willkommen, mein Erlöser." Die Natter war nämlich eine verzauberte Prinzessin. Sie sagte ihm, er müsse sich drei Nächte nacheinander von den zwölf wilden Männlein plagen lassen, die sie hier gefangenhielten. Er dürfe aber kein Wort reden, ganz gleich, was sie mit ihm anfingen. Er versprach es, und sogleich stand ein Tischlein da mit Speisen und mit Wein, da konnte er sich erst einmal satt essen.

Dann ging er in ein Zimmer, legte sich auf das Bett, das da stand, und wartete. Um Mitternacht erhob sich ein gewaltiger Lärm, die wilden Männlein kamen herein, zwickten und plagten ihn, aber er sprach kein Wort. Als es eins schlug, ließen sie von ihm ab und waren verschwunden. Er blutete am ganzen Leib; da trat der heilige Achaz herein und besprach ihn, daß er wieder heil war. In der zweiten Nacht ging es nicht anders, die wilden Männlein stachen ihn mit Dornen, daß er über und über blutete; er schwieg aber still. Sie mußten von ihm ablassen, und der heilige Achaz kam und heilte ihn. In der dritten Nacht trieben die wilden Männlein es noch viel ärger, sie schleppten ihn hinaus in den Garten, der war voller Dornbüsche, da warfen sie ihn hinein. Weil er aber schwieg, mußten sie schließlich für immer verschwinden. Er blieb da liegen wie tot, aber der heilige Achaz kam, holte ihn aus den Dornen und heilte ihn.

Am Morgen, als er in das Zimmer trat, in dem die Natter sich geringelt hatte, stand da eine schöne Jungfrau, die dankte ihm, weil er sie erlöst hatte. Da hielten sie Hochzeit in großer Freude, und er war der König vom goldenen Berg.

Seine Eltern dachten aber, er wäre tot; nur seine Schwester

wollte es nicht glauben. Einmal ging sie zum steinernen Achaz und bat ihn: „Steinerner Achaz, gib mir doch meinen Bruder wieder." Da tat der steinerne Achaz den Mund auf und sagte: „Geh zum Fluß hinunter, so will ich ihn dir schicken." Und als sie an den Fluß kam, fuhr ein herrliches Schiff daher, und als es anlegte, stieg ein König aus, und eine Königin ging an seiner Seite, die war so schön, daß es nicht mit der Feder zu schreiben, nur im Märchen zu erzählen ist. Das war aber niemand anders als der Bruder des Mädchens mit seiner Frau. Sie umarmten die Schwester mit großer Freude, gingen heim und lebten lange glücklich miteinander.

ÄGIDIUS

Seine Legende führt uns in eine spätere Zeit: sein Todestag wird auf den 1. September 721 datiert. Sie führt in ein anderes Land: die Provence. Und sie führt aus dem Kreis der Blutzeugen: Ägidius ist der einzige, der nicht als Märtyrer starb. Daß er dennoch in die erhabene Gruppe aufgenommen wurde, müssen wir wohl seiner großen und weitverbreiteten Beliebtheit zuschreiben, an die bei uns bis heute Ortsnamen wie Ilgen, St. Gilgen, Ilgenberg usw. erinnern. Er wurde Patron der Steiermark; in England baute man St. Giles über 100 Kirchen. Die von ihm gegründete Abtei St.-Gilles an der Rhônemündung mag seinen Ruhm verbreitet haben in der Zeit der Pilgerzüge nach Santiago de Compostela, als es auf dem Weg dorthin vielbesuchter Rast- und Wallfahrtsort war. Noch heute gibt es Volkswallfahrten zu dem Patron der Jäger, der Hirten, des Viehs – und der stillenden Mütter. Dieses Patronat führt uns allerdings in einen wesentlich älteren Kulturkreis.

Daß ihn Jacobus de Voragine in der Legenda Aurea als Athener Königssohn vorstellt, gab dem Außenseiter den rechten Hintergrund für die Aufnahme in die Nothelfer-Gemeinschaft. Vor allem aber wurden beliebte Vorstellungen mit seiner Person verknüpft, etwa die des Eremiten, der sich der Welt entzieht, um im Einklang mit der Natur sein idyllisches Leben zu führen. Schon der Beginn der Legende erzählt davon: Er zieht sich aus dem lauten Athen ans einsame Meeresufer zurück.

Doch hier klingt bereits ein anderes Motiv an: Sooft er auch dem Trubel, den Ehren entfliehen will, so oft wird er aus der Einsamkeit zurückgeholt, weil man ihn ja braucht. Freundliche Geschichten erzählen davon; schon die erste vermag das Herz zu bewegen: Ägidius rettet vom Ufer aus durch sein Gebet ein in Seenot geratenes Schiff. Die oft so rauhen und gewalttätigen Schiffer bringen ihn unentgeltlich nach Rom. Von dort gelangt er nach Arles, lebt beim Bischof, heilt Kranke, gewinnt Ansehen. Wieder flieht er aus der Welt in die Wildnis. Doch alles, was er tut, lockt Menschen an, vermehrt seinen Ruhm. Selbst die Natur erblüht durch seine Anwesenheit, wird lieblich und fruchtbar. Er zieht sich noch tiefer zurück in eine Wüstenei, nur Höhle und Brunnen bleiben ihm. Gott schickt ihm eine Hirschkuh, die ihn mütterlich mit ihrer Milch nährt.

Die Legende erzählt so weiter, wie wir es als erfahrene Märchenhörer erwarten: Der König ist auf der Jagd, die verfolgte Hindin flieht zu Ägidius. Er schützt sie, wird an ihrer Stelle vom Pfeil getroffen. Kein Märtyrertod stört die liebliche Geschichte, es fließt nur ein wenig Blut, um die Verbundenheit mit der Kreatur zu betonen. Die Geschichte genügte den Menschen zur Verehrung. Wir wissen nicht, ob sie in ihrem Schatten ältere ahnten,

deren Ideen in den Herzen wurzeln – bis, in unsere eigenen Träume hinein.

Eine dieser Geschichten erzählt von Telephos, den eine Hirschkuh säugte, die der Artemis geweiht war. Spuren alter Muttergöttinnen leuchten auf. Telephos wuchs in Arkadien auf, König Korythos lehrte ihn die Heilkunst, nachdem er gestorben und auferstanden war. Der geheimnisvolle Zusammenhang von verwunden und heilen, dem wir auch bei Schamanen begegnen, klingt in diesen Mythen und Legenden an, die wir, zu Märchen geworden, noch heute Kindern erzählen.

Ist es patriarchale Anmaßung, daß ein Mann zum Patron stillender Mütter wurde? Gerührt von der lieblichen Legende, träumen wir von einem Land, in dem die Hindin beim Wolf liegt wie im Hain der Artemis; wo Kalb und Löwenjunges gemeinsam weiden und der Säugling am Schlupfloch der Natter spielt (Jesaias 11). Es sind Geschichten der Versöhnung.

Die schöne Genoveva

Es war einmal ein König, dem war die Frau gestorben, und er lebte zusammen mit seinem Sohn, seiner Tochter Genoveva und einem jungen Diener. Da fiel der Feind in das Land ein, und der König mußte in den Krieg ziehen. Den Sohn nahm er mit, die Tochter vertraute er dem Diener an und befahl ihm, sie gut zu behüten. Sie war nämlich schon heiratsfähig und so schön, daß es nicht zu beschreiben ist. Kaum aber waren die beiden fortgeritten, da lief der Diener zu Genoveva und sagte: „Wenn du mir nicht zu Willen bist, mußt du sterben. Ich kann ohne dich nicht leben." Genoveva aber wies ihn ab.

Eines Tages, als sie in die Badestube ging, schlich der Diener ihr nach. Sie nahm einen Zuber mit kochendem Wasser und schüttete es ihm über den Kopf, da lag er zwei Wochen da und kam gerade noch mit dem Leben davon. Der Haß nagte an seinem Herzen, er sann Tag und Nacht auf Rache. Schließlich schrieb er dem König einen Brief, darin klagte er Genoveva an, sie treibe sich mit schlechten Männern herum und mache ihm nichts als Schande. Der König wurde sehr zornig und befahl seinem Sohn:

„Deine Schwester hat Schmach über uns gebracht. Reite heim und töte sie, verscharre sie im Wald, und zum Zeichen bring mir ihre Augen auf der Spitze des Messers." Der Sohn ritt heim, gab sich nicht zu erkennen, und fragte die Leute in der Stadt nach seiner Schwester. Da hörte er nichts als Gutes über sie, alle Leute rühmten ihre Tugend und ihre Güte.

Als er ins Schloß kam, freute sich Genoveva, fiel ihm um den Hals und herzte und küßte ihn. Er aber weinte und sagte: „Ach Schwesterchen, du freust dich zu früh. Ich soll mit dir in den finsteren Wald, soll dich zerstückeln und töten und als Zeichen deine Augen dem Vater bringen." Da weinte Genoveva bitterlich und sagte: „Lieber Bruder, womit habe ich solch ein Schicksal verdient?" Der Bruder erzählte ihr von dem Brief, sie aber beteuerte ihre Unschuld. Der Bruder sprach: „Der Vater wird dem Diener mehr glauben als mir. Aber sei still, dir soll nichts geschehen. Verlaß das Schloß und geh in die weite Welt. Gott wird dich nicht verlassen."

Da packte sie ihre Sachen, nahm Abschied von ihrem Bruder und ging, wohin der Weg sie führte. Der Bruder tötete den alten Hofhund, tat seine Augen auf die Spitze des Messers und brachte sie dem Vater. Der aber wollte sie gar nicht sehen und befahl ihm, sie zu begraben.

Genoveva irrte lange in der Welt umher, schließlich geriet sie in einen großen Wald. Gegen Abend erblickte sie ein Häuschen. Sie trat näher und klopfte an die Tür. Ein alter Mann mit einem langen, weißen Bart und einem weißen Gewand öffnete, das war niemand anderer als Egid, der Einsiedler. Er hieß sie freundlich willkommen. „Ich habe dich schon erwartet", sagte er. „Ich bin froh, daß du gekommen bist, mir das Haus zu besorgen, denn ich bin tagsüber nicht daheim." Als sie noch redeten, kam eine Hirschkuh gesprungen, die lebte bei dem Einsiedler und ernährte ihn mit ihrer Milch. Da blieb Genoveva lange bei ihm, besorgte ihm das Haus, nährte sich von der Milch der Hirschkuh und wurde mit jedem Tag schöner, so daß man durch die ganze Welt hätte gehen können und doch nicht ihresgleichen gefunden hätte.

Ihr Vater war inzwischen heimgekehrt, sein Sohn aber mochte nicht mehr bei ihm bleiben und heiratete eine schöne Prinzessin. Als nun der König so allein in dem Schloß saß, reute es ihn, daß er seine Tochter hatte töten lassen. Er fing an, die Mägde zu fragen, ob sie wirklich so schlecht gewesen sei, wie der Diener geschrieben hatte. Da konnten sie Genoveva nicht genug loben, wie gut und freundlich sie war. Sie erzählten ihm auch, daß der Diener sich an ihr habe rächen wollen. Der König fragte, warum ihm keiner davon berichtet habe; sie meinten aber, er hätte ihnen ja doch nicht geglaubt. Der König ließ den Diener rufen, um ihn zu bestrafen; doch der hatte bereits das Weite gesucht.

Es geschah aber, daß ein fremder König in dem Wald jagte, in dem Genoveva bei Egid, dem Einsiedler, lebte. Da erblickte er eine Hirschkuh, die war so schön, daß er sie unbedingt treffen wollte. Lange verfolgte er sie, kam ihr aber nie nahe genug. Endlich konnte er den Pfeil abschießen, als plötzlich ein alter Mann im Weg stand, dem der Pfeil in die Schulter fuhr. Der Königssohn erschrak, sprang vom Pferd und wollte dem Alten beistehen. Der sagte ganz freundlich: „Fürchte dich nicht, mir ist leichter zu helfen als meiner Hirschkuh."

Er nahm den König mit in seine Hütte und ließ sich von Genoveva Kräuter auf die Wunde legen. Der König aber war ganz bezaubert von der wunderbaren, nie gesehenen Schönheit Genovevas. Er ritt heim; seine Jäger hatten ihn schon gesucht und fragten ihn, wo er gewesen sei. „Ach", sprach er, „ich habe mich nur ein wenig verirrt."

Am anderen Tag ritt er wieder in den Wald zu Genoveva und bat sie, ihn zu heiraten. Genoveva sagte: „Das will ich gern." Sie dankte dem Einsiedler, weil er so gut für sie gesorgt hatte, und verabschiedete sich von ihm. Er sagte: „Leb wohl, Genoveva, und hüte dich vor Hundehaaren." Sie aber ritt mit dem König und hatte den Rat bald vergessen. Die Hochzeit wurde mit großer Pracht gefeiert, und sie lebten in Glück und Freuden.

Ich muß euch aber sagen, daß der König zuvor eine Liebste hatte, die war die Tochter einer Zauberin. Die beiden sannen Tag und Nacht darüber nach, wie sie Genoveva verderben könnten. Als nun der König einmal auf der Jagd war, trug es sich zu, daß Genoveva gerade an diesem Tag ihr erstes Kind gebar. Da schlich sich die Alte zu ihr, tat, als wäre sie die Magd, welche die Königin pflegen sollte, und sagte: „Ei, Frau Königin, laßt Euch doch kämmen, ehe der König heimkommt." Sie hatte aber ein Hundehaar verzaubert, das flocht sie der Königin ein, daß sie in einen Zauberschlaf fiel und wie tot dalag.

Als nun der König heimkam und hörte, ihm sei ein Söhnlein geboren, war er voll Freude. Als er jedoch ins Zimmer trat, da lag seine Frau tot im Bett und das Kindlein lag in der Wiege und weinte. Dem armen König brach fast das Herz vor Kummer um seine liebe Frau. Er lag da vor ihrem Bett und jammerte, daß es einen Stein hätte erweichen können, und alle klagten mit ihm. Auf einmal trat Egid, der Einsiedler, durch die Tür und sprach: „Laßt mich doch die Königin herrichten, daß man sie in den Sarg betten kann." Er zog einen goldenen Kamm aus der Tasche und begann, Genoveva zu kämmen. Da fiel das Hundehaar auf den Boden. Egid nahm es und warf es ins Feuer. Als es verbrannt war, öffnete Genoveva die Augen und sagte: „Ach Gott, wie lang habe ich geschlafen." Egid sagte: „Ohne mich hättest du noch viel länger geschlafen."

Jetzt war die Freude groß im Schloß. Der König und Genoveva baten den Einsiedler, bei ihnen zu bleiben, da solle es ihm so gut gehen wie nie zuvor. Er aber sagte: „Für mich ist es Zeit, heimzugehen." Er verabschiedete sich von ihnen, und ich weiß nicht, ob man ihn seitdem wieder gesehen hat.

Auch die Alte und ihre Tochter wurden nie mehr gesehen. Mögen sie für immer verschwunden sein!

BLASIUS

Im Orient wurde er bereits im 6. Jahrhundert verehrt. Seit der Mitte des 9. Jahrhunderts wird sein Gedächtnis im Abendland gefeiert. Bereits im 12. Jahrhundert opferte man ihm zu Ehren Kerzen, um sich seiner Fürsprache zu versichern. Bis heute wird am 3. Februar der Blasiussegen erteilt, bei dem der Priester zwei Kerzen in Form des Andreaskreuzes vor den Hals der Gläubigen hält und dabei spricht: „Durch die Anrufung des heiligen Bischofs und Märtyrers Blasius befreie und bewahre dich der Herr von allem Übel des Halses und jedem anderen Übel …"

Der Überlieferung nach war er Arzt, der auch Tiere heilte, außerdem Bischof von Sebaste in Armenien, wurde während der Regierungszeit Diokletians (284–305) verfolgt und 316 enthauptet.

Die Legende schildert grausige Martern; die Haut sei ihm mit eisernen Kämmen abgezogen worden (das macht ihn zum Patron der Gerber und Weber). Gottes Wirken offenbart sich nach dieser Auffassung in der Darstellung schmerzlichster Grenzerfahrung zwischen Leben und Sterben. Die Schilderung geschieht nicht ohne Lust am Detail, in dem der Teufel steckt. Diesem und seinen irdischen Stellvertretern – Statthaltern, Fürsten und Kaisern – begegnen die Heiligen stets überlegen.

In den Streitgesprächen ist der vom Geist Gottes beflügelte Held nicht zu schlagen. Nach manchen Martern findet er erst durch das Schwert einen ehrenvollen Tod. Die Bewunderung vor der Kunst der Rhetorik, körperlicher Ausdauer und Tüchtigkeit, die Wertschätzung ritterlichen Sterbens verbinden sich in diesen Vorstellungen. Auch das Leben des Heiligen wird farbig geschildert, bunt hüpfen die Ereignisse daher, passen zur Jahreszeit, in die das Fest fällt. Der erhabene Weihnachtskreis ist geschlossen, schon sind die drei Könige auf dem Heimweg, das Gotteskind wurde am Fest Mariä Lichtmeß in einer Lichterprozession gefeiert als „Licht der Heiden". Der Tag wächst bereits „um eine ganze Stund". Es wird Zeit, den Schrecken der Nacht zu entfliehen, den Winter auszutreiben, das Narrenkleid anzuziehen, ehe die ernste Fastenzeit zur Buße ruft.

Auch in die Legende mischt sich ein heiterer Ton, wenn der Wolf das Schwein der armen Witwe zurückbringt, diese Kopf und Füße des geschlachteten Tiers zusammen mit Brot und Kerze zu Blasius in den Kerker bringt.

Die Geschichte vom Knaben, der an einer Fischgräte zu ersticken drohte und den er durch sein Gebet rettete, verband sich früh mit alten Lichterbräuchen. Als Kind war ich sehr von ihr beeindruckt. Sie fällt mir manchmal ein, wenn ich in einem Mittelmeerland eins der wunderbaren, doch grätenreichen Fischgerichte esse. Das „Bläseln" war früher auch eine Vorsichtsmaßnahme für

den Karneval, bei dessen luftig-leichtem Treiben man sich wegen einer Halsentzündung leicht „den Tod holen" konnte. Glaube – Aberglaube – Magie: manchmal sind die Grenzen schwer zu ziehen.

Die beiden Brüder

Es waren einmal zwei Brüder, denen waren die Eltern schon lange gestorben. Der ältere war ein Jäger; er war aber finster und hart, redete mit keinem, streifte im Wald umher und schoß, was ihm vor die Flinte kam. Der jüngere war freundlich, arbeitete gern im Garten und zog Kräutlein, mit denen er Menschen und Tiere heilte, wenn sie krank waren. Eines Tages hörten die Brüder, der König suche einen Jäger und einen Gärtner. Da beschlossen sie, sich zu melden, und machten sich auf den Weg zum Schloß.

Sie mußten lange wandern und kamen durch einen großen Wald, in dem wuchsen die Bäume bis zum Himmel. Der Gärtner pfiff ein Liedlein; das ärgerte den Jäger, und er befahl ihm zu schweigen. Sie kamen zu einer Lichtung und setzten sich unter eine Eiche, um zu rasten. Auf einmal raschelte es im Gebüsch, ein großer, grauer Wolf stand da und schaute zu ihnen herüber. Er war aber ganz ruhig und betrachtete sie mit den gelben Augen. Der Jäger griff langsam zur Flinte, um den Wolf zu erschießen. Aber der Gärtner rief: „Bruder, schieß nicht, er tut uns doch nichts zuleide." Der Jäger hörte nicht auf ihn – aber der Wolf war bereits verschwunden. Da war der Jäger so böse, daß er auf dem ganzen Weg kein Wort mehr mit seinem Bruder redete. Als sie zum König kamen, stellte der sie gleich ein, und weil er gern Wildbret aß, kam ihm der Jäger gerade recht. Der Gärtner arbeitete lange unbeachtet.

Einmal aber brach eine Seuche im Königreich aus, die Leute konnten nicht mehr arbeiten, und viele starben. Der König war sehr betrübt über das Unglück und versprach dem ein Säcklein voll Gold, der den Leuten helfen könnte. Der Gärtner hatte inzwischen ein Kräutlein gepflanzt, das war herangewachsen und konnte gepflückt werden. Wer sich daraus eine Woche lang jeden Tag eine Tasse Tee kochte und sie am Abend trank, der wurde alsbald wieder gesund. Da kamen die Menschen in Scharen, holten sich das Kraut, und es dauerte nicht lange, da war die Seuche besiegt, und alle waren gesünder als je zuvor. Der König lobte seinen Gärtner, freute sich und gab ihm das versprochene Gold!

Er hatte aber eine Tochter, die ging manchmal in den Garten und redete mit dem Gärtner. All das ärgerte den Jäger, und er wurde immer noch mürrischer, so daß ihm am Ende jeder aus dem Weg ging. Selbst der König sprach nur noch selten mit ihm. Da dachte der Jäger Tag und Nacht darüber nach, wie er seinem Bruder schaden könne. Schließlich trat er vor den König und sprach: „Mein Bruder rühmt sich, er könne eine Kerze herbeischaffen, die immerzu leuchtet."

Der König hätte die Kerze gar zu gern gehabt, ließ den Gärtner rufen und befahl ihm, die Kerze zu holen, wenn ihm sein Leben lieb wäre. Es half nichts, daß er erklärte, noch nie von solch einer Kerze gehört zu haben. Da ging er ganz traurig in seinen Garten, ging immer weiter bis ans Ende, wo die öde Heide begann. Auf einmal lief ein Wolf herbei, setzte sich vor ihn hin und fragte: „Warum bist du so betrübt?" Der Gärtner erzählte es ihm, und der Wolf sprach: „Du hast mir einmal das Leben gerettet, jetzt will ich's dir danken. Setz dich nur auf meinen Rücken, halte dich fest, und ich bringe dich dahin, wo du die Kerze bekommst."

Der Gärtner stieg auf, und gleich ging es dahin, als wären sie mit dem Sturmwind unterwegs. Der Wolf trug den Gärtner in einen Wald. Mitten drin stand eine Kapelle, da setzte er ihn ab. Der Gärtner trat ein, da stand ein goldener Bischof, der hielt ein goldenes Schweinchen in der einen Hand, in der andern einen goldenen Kamm, und neben ihm stand eine Kerze, die erhellte die ganze Kirche.

Der Gärtner wußte nicht, wie er zu der Kerze kommen sollte – er konnte sie doch nicht gut stehlen! Auf einmal tat der Bischof den Mund auf und sagte: „Nimm nur, was du möchtest." Erfreut griff er nach der Kerze, bedankte sich und ging vergnügt aus der Kapelle. Der Wolf wartete draußen, nahm ihn auf den Rücken, und wie der Sturmwind sausten sie zurück. Als sie ankamen, war kaum eine Stunde vergangen. Der Gärtner dankte dem Wolf, ging zum König – da erglänzte der Palast in einem nie gesehenen Licht. Der König war so erfreut, daß er dem Gärtner Gold und Edelsteine schenkte und ihn zum Herrn über all seine Gärten machte.

Der Jäger war noch viel neidischer als zuvor und dachte wieder nach, wie er seinem Bruder schaden könne. Schließlich ging er zum König und sagte: „Mein Bruder kann die Angeberei nicht lassen. Jetzt behauptet er, ein goldenes Schwein herbeischaffen zu können, wer das besitzt, wird seiner Lebtag nicht hungern mit allen, die zu ihm gehören." Dieses Schwein hielt der König freilich für so wertvoll, daß er meinte, er müsse es unbedingt haben. Also ließ er den Gärtner rufen und befahl ihm, das Schwein herbeizuschaffen, wenn ihm sein Leben lieb sei. Der Gärtner ging ganz betrübt in seinen Garten, schaute die Blumen nicht an und ging, bis er ans Ende des Gartens kam, wo die öde Heide begann.

Wieder kam der Wolf, fragte ihn nach seinem Kummer und lud ihn ein, auf seinen Rücken zu steigen. Sie sausten dahin, als wären sie mit dem Sturmwind unterwegs, gelangten in den Wald und zu der Kirche. Der Gärtner trat durch die Tür, da stand der goldene Bischof und glänzte. Der Gärtner wagte aber nicht, ihn um das goldene Schwein zu bitten. Der Bischof sagte: „Nimm nur, was du begehrst", beugte sich ein wenig hinab und reichte ihm das Schweinchen. Erfreut bedankte er sich, trat vergnügt aus der Kirche, und der Wolf trug ihn heim.

Als er dem König das Schweinchen brachte, war dieser so erfreut, daß er ihn mit Gold und Edelsteinen beschenkte und ihn zum Herrn all seiner Güter machte. Der Jäger wurde immer neidischer und fand Tag und Nacht keine Ruhe. Weil er nun sah, daß die schöne Königstochter so oft in den Garten ging, ärgerte er sich noch mehr. Eines Tages trat er vor den König und sagte: „Mein Bruder wird immer übermütiger. Jetzt rühmt er sich, er könne einen Kamm herbeischaffen, wer sich mit dem kämme, hätte sofort goldene Haare." Der König, der seine Tochter sehr liebte, hätte gern den Kamm für sie gehabt, ließ den Gärtner rufen und befahl, er solle ihn herbeischaffen. Dieser erschrak und sagte, das könne er gewiß nicht. Aber der König sprach: „Bringst du ihn nicht, soll's dir übel ergehen. Bringst du ihn aber, so bekommst du meine Tochter zur Frau." Der Gärtner ging ganz traurig durch seinen Garten und kam dahin, wo die öde Heide begann.

Da stand schon der Wolf und hieß ihn aufsitzen, und wie der Sturmwind sausten sie zum Wald und fanden auch wieder zur Kapelle. Aber der Gärtner meinte, er könne doch dem Bischof nicht alles wegnehmen, und trat daher ganz zaghaft ein. Der Bischof schaute ihn freundlich an und sprach: „Nimm dir nur, was du brauchst." Er beugte sich ein wenig hinab und reichte ihm den goldenen Kamm. Der Gärtner bedankte sich von Herzen, trat hinaus, und der Wolf sauste mit ihm davon wie der Wind.

Als sie daheim ankamen, waren die Haare des Gärtners so verblasen, daß er sich erst kämmen wollte, ehe er zum König ging. Er fuhr sich mit dem Kamm durch die Haare, da waren sie aus lauter Gold und glänzten wie die Sonne, und als er ins Schloß trat, da staunten alle und erkannten ihn nicht wieder. Nur die Prinzessin lachte, als sie ihn sah, und fiel ihm ohne viel Federlesens um den Hals. Er gab ihr den Kamm, und als auch sie mit dem goldenen Haar dastand, hätte man auf der ganzen Welt nichts Schöneres finden können als dieses Brautpaar.

Der Jäger hatte aber gesehen, daß der Wolf seinen Bruder heimgebracht hatte, und erriet, daß dieser ihm geholfen hatte. Er nahm sein Gewehr, ging in den Wald und suchte nach ihm, denn er wollte ihn töten. Seitdem hat man ihn nie wieder gesehen. Auch den Wolf hat man nicht wieder gesehen.

Im Wald stand noch lange eine alte kleine Kirche, in der war eine hölzerne Statue, von der niemand wußte, wen sie darstellte, weil sie leere Hände hatte. Nur, daß es ein Bischof gewesen war, erkannte man an der Mütze.

CHRISTOPHORUS

In den oströmischen Provinzen nahmen die politischen Unruhen zu jener Zeit kein Ende. Die Erneuerung der Perserkriege, Geldentwertung, die ständigen Kämpfe um den römischen Thron, die Invasionen der Goten (die z. B. in Ephesus den großen Artemistempel zerstörten), Verlust, Plünderung und Rückeroberung so bedeutender Städte wie Antiochia kennzeichnen jene düsteren Zeiten, ließen die Menschen nicht zur Ruhe kommen.

Nur zwei Jahre regierte Decius (249–251); während dieser Zeit wurden alle Christen hingerichtet, die ihrem Glauben nicht abschworen.

Die Erinnerung daran ging in die Legende des Reprobus ein, eines Märtyrers, dem laut Inschrift bereits 452 eine Kirche in Chalkedon (Kadiköy) geweiht wurde. Wie weit bei der Legendenbildung Berichte von der Erhebung der Isaurer unter Probus (276–282) hereinspielten, kann nicht geprüft werden. Jedenfalls ließ sich Reprobus nach seiner ältesten Passio aus dem 8. Jahrhundert taufen und erhielt den Namen, unter dem wir ihn kennen: Christophorus. Das bedeutet zunächst einfach, daß er seit seiner Bekehrung Christus im Herzen trug. Er gehört bis heute zu den beliebtesten und bekanntesten Heiligen, dem auf der ganzen Welt Kirchen und Kapellen geweiht wurden. Frühe Darstellungen zeigen ihn noch ohne Attribut, doch kostbar gekleidet. Gelegentlich deuten ein übergroßer Kopf und eine Art Hundsmaul die Herkunft aus dem Land der „hundsköpfigen Menschenfresser am Rand der Erde" an (z. B. auf einer Ikone im Byzantinischen Museum in Athen, die auf ältere Darstellungen zurückgeht). Diese „Kynokephalen" spuken durch manche Sagen und Märchen.

Allmählich erweitert sich die Legende; die Darstellungen zeigen ihn mit einem Baum, der Laub und Früchte trägt. Es ist zunächst der eiserne Wanderstab, der sich auf sein Gebet hin so wunderbar wandelte, daß viele sich bekehrten. Er ist ein Symbol seiner wunderbaren Beredsamkeit.

Je vordergründiger dann die Deutung von Symbol und Name wurde, desto leichter war die Erfindung neuer Teile der Legende. Der Name wird dargestellt, Christus sitzt gelegentlich auf der Schulter des Heiligen, allerdings nicht als Kind, sondern als Herrscher. Im 10. Jahrhundert dichtet Walther von Speyer die Legende um; Jacobus de Voragine gibt ihr die endgültige Form. Er wird zum Gottsucher, dem ein Einsiedler aufträgt, Menschen durch eine gefährliche Furt zu tragen, bis er in einer Winternacht am Gewicht eines kleinen Kindes fast ertrinkt. Es offenbart sich ihm als Herr der Welt; zum Zeichen grünt und blüht der dürre Baum. Bilder und Statuen zeigen ihn als den Riesen, der das Christkind über den Fluß trägt. Charon ist erlöst, der Todesfluß wird zum Symbol der Wiedergeburt in der Taufe. Als neuer Seelenführer wird Christophorus zum Retter vor dem so gefürchteten „jähen und unvorhergesehenen Tod": Wer am Morgen sein Bild anschaut, bleibt für den Tag davor bewahrt.

Das Wasser, der wunderbar blühende Baum, das göttliche Kind erzählen die alte Geschichte von Tod und Auferstehung, die aktuell bleibt, solange Geburt, Leben und Tod unser Teil sind.

Glückskind

Es war einmal ein Fischer, der lebte mit seiner Frau glücklich und in Frieden und wenn sie nur ein Kind gehabt hätten, so wäre ihnen nichts zu wünschen geblieben. Eines Tages ging dem Fischer ein Aal ins Netz, der glänzte wie Gold. Der Fischer dachte: „Wenn ich den auf des Königs Schloß bringe, erhalte ich guten Lohn." Der Aal tat aber den Mund auf und sagte: „Iß mich lieber, und gib auch deiner Frau davon, es wird euch nicht reuen." Der Fischer verwunderte sich, daß ein Aal reden konnte, und wollte ihm auch gehorchen. Am Abend bereiteten sie den Fisch und aßen ihn miteinander. Als einige Zeit vergangen war, merkte seine Frau, daß sie ein Kind erwartete. Da war die Freude groß. Als das Kind zur Welt kam, hatte es goldene Haare, da nannten sie das Knäblein Glückskind. Gerade an dem Tag war Sankt Christoffel unterwegs, um zu predigen. Als er am Schloß des Königs vorbeikam, war dort ein großes Fest; denn die Königin hatte eine Tochter geboren. Sankt Christoffel dachte: „Wo so viele Gäste geladen sind, wird für mich auch Platz sein." Aber weit gefehlt! Dem König war der Heilige nicht gut genug, er hielt ihn für einen einfältigen Kerl und schickte ihn fort, obwohl es schon dunkel wurde. So mußte er weiterziehen. Die Nacht brach herein, Sankt Christoffel war müde und hungrig und hätte gern ein Plätzchen zum Schlafen gehabt. Als er am Seeufer entlangging, sah er plötzlich ein Lichtlein. Er ging darauf zu, kam zur Hütte des Fischers, klopfte und bat um ein Nachtlager. Der Fischer öffnete ihm und lud ihn ein, hereinzukommen und mit ihm und seiner Frau die Geburt des Söhnleins zu feiern. Ehe er am andern Tag weiterzog, taufte Sankt Christoffel das Kind. „Geld und Gut hab' ich nicht als Taufgeschenk", sagte er. „Aber ich wünsche, daß der Knabe die Tochter des Königs zur Frau bekommt." Dann verabschiedete er sich und zog weiter.

Der Knabe wuchs heran zur Freude seiner Eltern und war bald so geschickt und kräftig, daß er seinem Vater beim Fischen helfen konnte. Eines Tages kam der König vorbeigeritten, sah den schönen Jungen und fragte ihn, wie er heiße. „Glückskind", antwortete der Fischersohn. Der König verwunderte sich, daß ein einfacher Fischerjunge so einen Namen hatte. Er trat in die Hütte und wollte von den Eltern wissen, ob ihr Sohn vielleicht etwas Besonderes an sich habe. Da erzählten sie ihm von dem Aal und auch davon, daß Sankt Christoffel ihm die Tochter des Königs zur Frau versprochen habe. Sie kannten aber den König nicht, weil er wie ein Jäger gekleidet war. Der König ärgerte sich, daß seine Tochter einen einfachen Fischersohn heiraten sollte. Er verstellte sich aber und sagte ganz freundlich: „Da sollte euer Sohn sich doch gleich auf den Weg machen, daß der König seine Tochter nicht einem andern verspricht. Ich will ihm auch einen Brief mitgeben, in dem alles geschrieben steht."

In den Brief aber schrieb er seiner Frau, sie solle den Jungen gleich nach seiner Ankunft köpfen lassen; er versiegelte ihn und gab ihn dem Jungen. Die Fischersleute bedankten sich für die vermeintliche Hilfe, der König setzte seine Reise fort, und der Junge machte sich auf den Weg. Er verirrte sich aber und geriet in einen Wald, da standen die Bäume so hoch, daß er die Sonne nicht mehr sah. Endlich, als es schon ganz finster war und das Geheul der wilden Tiere immer lauter wurde, sah er ein Licht, ging darauf zu und kam an einen großen, alten Palast.

Er klopfte an das Tor, und eine alte Frau öffnete ihm. Sie ließ ihn eintreten und führte ihn in eine Stube, in der war ein riesiger Tisch, breite Bänke standen herum, und an den Wänden hingen allerlei Waffen. Die Alte sagte: „Vor den wilden Tieren bist du hier sicher. Aber meine Brüder werden bald heimkommen, das sind die zwölf hundsköpfigen Menschenfresser. Du brauchst dich aber nicht zu fürchten, ich werde dir schon helfen." Sie versteckte ihn hinter einem riesigen Weinfaß, das am Ende der Stube stand. Gleich darauf sprang das Tor auf, die zwölf Brüder polterten herein, jeder mit einem gebratenen Ochsen über der Schulter zum Abendessen. Sie warfen sich auf die Bänke, daß sie krachten, und riefen: „Schwesterchen, schenk uns Wein ein!" Die alte Frau ging zum Faß und zapfte zwölf riesige Krüge voll Wein.

Kaum aber hatten die Brüder einen Schluck daraus getrunken, da spuckten sie ihn auch schon aus und schrien: „Pfui, der schmeckt nach Menschenfleisch! Wen hast du versteckt?" Sie antwortete: „Ach, liebe Brüder, verzeiht mir. Mein Enkelchen ist zu Besuch gekommen." – „Wenn das so ist", sagten die Brüder, „dann soll er uns willkommen sein."

Da mußte sich das Glückskind zu ihnen setzen, bekam zu essen und zu trinken und erzählte auch, wie er hierhergeraten war. Von dem Wein wurde er aber bald müde, die alte Großmutter wies ihm ein gutes Bett an, und er fiel in einen tiefen Schlaf. Da holte der älteste Bruder den Brief des Königs hervor, öffnete das Siegel und las ihn seinen Brüdern vor. „Soll der Junge hier mit dem Leben davonkommen, um bei dem elenden König zu sterben?" fragte er und schrieb einen anderen Brief, in dem stand, die Königin müsse den Jungen sofort mit ihrer Tochter vermählen. Er versiegelte ihn wieder und steckte ihn in die Tasche des Jungen zurück.

Am andern Morgen führten sie ihn auf dem schnellsten Wege zum Waldrand, und da sah man auch schon das Schloß. Als er dort ankam und die Königin den Brief las, verwunderte sie sich über die Eile, mit der sie ihre Tochter einem Fremden zur Frau geben sollte; als sie aber die goldenen Haare des Glückskinds sah, dachte sie, der König habe es ihretwegen so gewünscht. Der Königstochter gefiel der Junge so gut, daß sie keine Umstände machte und gleich in die Hochzeit einwilligte. Da heirateten sie und lebten vergnügt miteinander.

Als der König heimkam und sah, daß der Fischersohn nun doch sein Schwiegersohn war, ärgerte er sich gewaltig und sagte: „Da mußt du schon noch beweisen, daß du wert bist, eine Königstochter zur Frau zu haben. Zum Zeichen, daß du nicht zu gering für sie bist, sollst du zum Garten am Ende der Welt gehen und mir drei goldene Äpfel vom Baum des Lebens holen." Er dachte aber, von dieser Reise ist noch keiner wiedergekehrt, und meinte, ihn bereits loszuhaben.

Das Glückskind machte sich gleich auf den Weg, und als er ein Jahr gegangen war, kam er zu einem reißenden Fluß, über den führte keine Brücke und auch kein Fährmann war zu sehen, und er sah wohl, daß es unmöglich war, hinüberzugelangen. Da dachte er an Sankt Christoffel, der ihn getauft hatte und der einst ein Fährmann gewesen war, und er rief: „Lieber Herr Christoffel, ich bitte Euch, helft mir über das Wasser." Kaum hatte er das gesagt, als der Heilige auch schon dastand, ihn auf die Schulter nahm und so sicher über den Fluß trug, daß kein Fädlein an seinem Gewand naß wurde. Drüben stand ein wunderbarer Baum, wie der Junge noch nie einen gesehen hatte, mit silbernen Blättern und goldenen Äpfeln zwischen den Zweigen.

Unter dem Baum lag ein Löwe, der war aber ganz zahm, als er Sankt Christoffel sah, und der Junge konnte sich drei goldene Äpfel pflücken. Darauf trug ihn der Heilige wieder zurück, und noch ehe er ihm richtig danken konnte, war er wieder verschwunden. Da lief er heim mit seinen Äpfeln, so schnell er konnte. Die Königstochter fiel ihm voll Freude um den Hals, der König aber, als er die prächtigen Äpfel sah, versöhnte sich mit ihm, gab ihm das halbe Königreich, und nach seinem Tod erhielt er das ganze.

Die Geschichte ist gewiß wahr, sonst hätte ich sie euch ja gar nicht erzählen können.

CYRIAKUS

Wie Bernhard von Clairvaux, welcher als zweiter Ordens-
gründer der Zisterzienser gilt, ist auch Cyriakus mit einem
gefesselten Dämon abgebildet. Der düstere zeitgenössische Hintergrund, Teufelsfurcht und Kreuzzugsideologie, zeigt sich in
den Folterberichten. Trotzdem wurde die Legende zu einer der
beliebtesten Dämonengeschichten. Sie ist stark von orientalischen Erzählungen beeinflußt.

Am erstaunlichsten in der Legende ist die Darstellung Kaiser
Diokletians, der hier nicht als der blutrünstige Christenverfolger,
sondern als der besorgte Vater auftritt. Das mythologische Dra-
chenkampfmotiv, die Errettung einer Jungfrau vor dem Ungeheuer, spielt in den Bericht über die vom Teufel besessene
Kaisertochter Arthemia herein. Der römische Diakon Cyriakus
befiehlt dem Teufel, auszufahren; Arthemia läßt sich taufen, und
Diokletian und seine Frau Serena geben dem Retter ein Haus,
„darin er in Frieden wohnte von des Kaisers Gnaden". Der Teufel
fährt darauf in die Tochter des Perserkönigs und behauptet, nur
Cyriakus könne ihn vertreiben. Auf Bitten des Persers rüstet Dio-

kletian ein komfortables Schiff, auf dem er mit seinen Freunden „fröhlich gen Babylon" fährt, den Teufel austreibt, die gesunde Jungfrau, deren Eltern und das ganze Volk der Perser bekehrt, ehe er wieder nach Rom zurückkehrt. Erst nach Diokletians Tod läßt ihn die Legende durch Maximianus foltern und enthaupten.

Solche Geschichten liebt das Volk. Sie sind nicht von theologischem Ernst, sondern von spielerischer Phantasie geprägt, mischen unbekümmert die verschiedensten Bilder und erschaffen daraus ein neues, das ihnen zusagt. Ist es erlaubt, ist's möglich? „Erzählen ist in der Mythologie schon begründen" (K. Kerényi). Das gilt auch für die Legenden. Die aus der Kirchengeschichte bekannten, in der Liturgie verehrten Personen agieren nicht mehr nach strengen Vorschriften, sie leben, und also wandeln sich ihre Schicksale.

Schließlich wird eine endgültige Fassung erreicht. Die Wirkung einer Figur kann sich dann noch lange erhalten; es werden ihr Wunder zugeschrieben, die zur erdachten Biographie passen. Dann schwindet der Glaube; die Wunder bleiben aus, die Wahrheit wird nur noch im Diesseits gesucht. Die Heiligen werden uninteressant, bis immer genauere Einsicht in Mythen, Märchen, Sagen der Völker uns anregt, nach den Ursprüngen all der Geschichten zu suchen.

Die Königstochter von Babylon

Guten Abend, ihr Leute. Das Märchen geht an. In einem fernen Land lebte einmal ein Ehepaar, das hatte einen einzigen Sohn, der hieß Tobias. Der Mann trieb Handel und war sehr reich. Er hatte aber auch ein gutes Herz. Wenn er einen Armen traf, beschenkte er ihn, und keinen, der an seine Tür klopfte, wies er ab. Eines Tages aber fielen Räuber über ihn her, als er auf dem Weg in die Handelsstadt war. Sie raubten ihn aus, blendeten ihn und warfen ihn ins Gebüsch.

Als er lange nicht heimkam, sandte die Frau einen Diener aus, der ihn suchen sollte. Der Diener nahm das Hündchen des Mannes mit, und das fand ihn in den Dornen liegend, blind und fast verschmachtet. Jetzt konnte er seinen Beruf nicht mehr ausüben, wurde immer ärmer, die Freunde vergaßen ihn, und sie ernährten sich von dem, was die Frau mit Spinnen verdiente. Als der Sohn herangewachsen war, sagte der Vater: „Lieber Sohn, geh in die Stadt Babylon, da lebt mein Bruder, der ist reich, und wenn er erfährt, wie schlecht es uns geht, wird er uns helfen." Die Mutter wollte erst nicht einwilligen, weinte und bat den Sohn, sie nicht zu verlassen. Doch der wollte recht gern in die Welt hinaus, sagte, er wolle tun, was der Vater wünsche, nahm Abschied und zog fort.

Als er eine Weile gegangen war, zog ein Gewitter auf, es blitzte und donnerte, und er war froh, als eine Kapelle am Weg stand, in der er vor dem Unwetter sicher war. In der Kapelle stand eine hölzerne Statue. Er konnte nicht sehen, wen sie darstellte, aber er grüßte sie, wie er es als Kind gelernt hatte. Dann setzte er sich in ein Bänklein, um zu warten. Auf einmal kamen zwei andere Wanderer, die suchten auch Schutz in der Kapelle. Als sie die Statue sahen, sagten sie: „Die gibt ein schönes Feuer, da können wir unsere nassen Kleider trocknen." Tobias wollte es ihnen ausreden, aber sie hörten nicht auf ihn, bis er ihnen das Geld gab, das ihm die Mutter noch auf die Reise mitgegeben hatte. Da zogen sie fort und vertranken es im nächsten Wirtshaus. Tobias aber war froh, daß sie die schöne Statue stehen ließen.

Als endlich die Sonne wieder schien, nahm er seinen Wanderstab und zog weiter. Nach einer Weile gesellte sich ein Mann zu ihm, grüßte und fragte, ob er mit ihm gehen dürfe. Der Fremde sah so frisch und gesund aus, war dazu so freundlich, daß Tobias gern einwilligte. Gegen Abend kamen sie ans Meeresufer, und der Reisegefährte setzte sich ans Ufer, angelte und zog einen gewaltig großen Fisch ans Land. Tobias machte ein Feuer, sie brieten ihn und aßen sich satt. Tobias wollte Kopf, Flossen und Gräten des Fisches verbrennen, der Reisekamerad sagte aber, er solle alles in sein Ränzlein stecken und gut aufheben.

Am andern Morgen bestiegen sie ein Schiff und fuhren zusammen übers Meer in die Stadt Babylon. Tobias fragte nach seinem Onkel und wurde zu einem schönen Palast gewiesen, denn sein Onkel war der erste Diener des Königs. Er freute sich sehr, als er Tobias sah, nahm ihn und auch den Reisegefährten auf und bewirtete sie aufs beste. Die Stadt und das Schloß war aber ganz mit schwarzen Tüchern verhängt, und Tobias fragte, wer denn gestorben sei, daß sie so trauerten. Da erzählte der Onkel: „Die Tochter des Königs soll heiraten, denn der König ist alt und braucht einen Nachfolger. Mit sieben Prinzen ist sie schon verheiratet worden; aber in der ersten Nacht kommt immer der Dämon Asmodi und entführt den Bräutigam. Erst gestern hat er den siebten geholt und hat geschworen, daß er es mit jedem so machen wird, bis die Königstochter ihn selbst zum Mann nimmt."

Tobias trat ans Fenster und schaute zum Schloß hinüber. Da stand gerade die Königstochter am Fenster und weinte bitterlich. Sie war aber so schön, so schön, man hätte auf der ganzen Welt vergeblich nach solch einer Schönen gesucht. Tobias sagte: „Onkelchen, führe mich morgen zum König und bitte ihn, mich mit der Prinzessin zu vermählen." Der Onkel erschrak und wollte ihm abraten, doch Tobias sagte: „Wenn ich sie nicht zur Frau bekomme, muß ich sterben." Da sagte der Reisegefährte zum Onkel: „Geh nur hin zum König, es wird schon alles gutgehen."

Der Onkel führte Tobias am andern Tag mit schwerem Herzen zum König und fragte, ob er ihm wohl seine Tochter zur Frau geben wolle. Der König dachte: „Ein weiterer Prinz meldet sich bestimmt nicht als Schwiegersohn, nachdem der Ruf meiner Tochter überall verbreitet ist." Er willigte also ein, und die Hochzeit wurde gefeiert. Die Braut aber war tief betrübt, saß an der Hochzeitstafel, aß und trank nicht und weinte. Am Abend, ehe sie zu Bett gingen, nahm der Reisegefährte den Bräutigam beiseite und sagte: „Ehe du dich mit der Braut schlafen legst, nimm Gräten, Flossen und Kopf des Fisches, lege sie in eine Goldschale am Fenster und zünde sie an. Die Asche aber gib in ein Büchslein und hebe sie gut auf." Tobias befolgte den Rat. Kaum hatte er sich darauf mit der Braut zu Bett gelegt, als der Dämon heranbrauste und ihn holen wollte. Er konnte aber nicht zum Fenster herein, weil er den Geruch des Rauchs, der von dem brennenden Fisch aufstieg, nicht ertragen konnte. Da mußte er zurück und kam auch nie wieder.

Am Morgen gingen die Dienerinnen laut klagend zum Brautgemach, denn sie dachten, auch der neue Bräutigam sei verschwunden. Als sie aber die Tür öffneten, da lagen Tobias und die Königstochter beisammen im Bett und schliefen ganz selig. Jetzt war die Freude so groß wie zuvor die Trauer. Der König wurde geholt, der geriet ganz außer sich vor Glück. Als die beiden endlich erwachten, wurde die Hochzeit noch einmal mit großer Pracht gefeiert. Die schwarzen Tücher wurden mit roten vertauscht, und die ganze Stadt feierte eine Woche lang. Tobias aber wollte auch seine alten Eltern teilnehmen lassen und bat, sie holen zu dürfen. Der König stattete ein prächtiges Schiff aus, und Tobias fuhr in seine Heimat.

Der Reisegefährte begleitete ihn und sagte, er solle die Asche mitnehmen. Als sie ankamen, sprang das Hündchen dem Tobias entgegen und bellte. Die Mutter und der Vater liefen aus dem

Haus, weinten vor Freude und fielen ihrem Sohn um den Hals. Er erzählte, was geschehen war und daß er gekommen sei, sie nach Babylon mitzunehmen. „Ach", sagte da der Vater, „wie kann ich blinder Mann noch solch eine Reise antreten?" Der Reisegefährte befahl dem Tobias, das Büchslein mit der Asche hervorzuholen. Die rührte er mit Speichel zu einem Brei und bestrich die Augen des Blinden. Da sah er siebenmal besser als zuvor.

Jetzt fuhren sie alle hinüber nach Babylon, das Hündchen fuhr auch mit. Als sie das Schiff verließen, verabschiedete sich der Reisegefährte und sagte, jetzt könnten sie sich schon selbst weiterhelfen. Sie baten ihn gar sehr, er möge sie doch nicht verlassen. Er aber sprach zu Tobias: „Erinnerst du dich an die hölzerne Statue, die du vor dem Verbrennen bewahrt hast? Sie war ein Bildnis des heiligen Cyriakus, und der bin ich selber. Ich wollte mich bei dir bedanken, daß du mich losgekauft hast, und jetzt gehe ich wieder dahin zurück, woher ich gekommen bin." Darauf verschwand er. Tobias zog mit seinen Eltern nach Babylon, da lebten alle in Freuden. Drei Äpfel sind vom Himmel gefallen: einer für den Erzähler, einer für den Zuhörer und einen für den, der das nächste Märchen weiß.

DIONYSIUS

Am Morgen, bevor ich die Anmerkungen zur Dionysius-
legende schrieb, überlegte ich, ob man in Bayern wohl
noch einen kleinen „Donisl" finden könnte. Dann setzte ich
mich zum Frühstück und las in der Zeitung die Geburtsanzeige
von einem lieben Sohn und Bruder Denis. „So ein Zufall", sagt
man da, und eigentlich ist einem fast eine kleine Geschichte zu-
gefallen.

Die Aufnahme des französischen Nationalheiligen in die Schar
der Vierzehn Nothelfer ist wohl dem Einfluß der Zisterzienser zu-
zuschreiben. Dionysius soll der erste Bischof von Paris gewesen
sein in der zweiten Hälfte des 3. Jahrhunderts. König Dagobert
ließ seine Reliquien in die Krypta der Benediktinerabtei St-Denis
übertragen, in der fast alle französischen Könige beigesetzt wurden. Die Legende berichtet, der Bischof sei nach seiner Enthaup-
tung auf dem Montmartre mit dem Kopf in der Hand bis zu der
Stelle gegangen, wo er beigesetzt werden wollte – ein beliebtes
Motiv, das in wechselnder Form Ortsbestimmungen von Heilig-
tümern begründet. (Manchmal ziehen z. B. Pferde oder Ochsen

den Leichnam oder die Statue eines Heiligen bis zur gewünschten Stelle, von der sie durch keine Gewalt wegzubringen sind.)

Lange war man der Meinung, Dionysius sei identisch gewesen mit dem Paulusschüler Dionysius Areopagitus von Athen. Jacobus de Voragine malt dessen Leben sehr bunt aus. Die Legende ist eher politisch geprägt, stellt auch das Wissen des Verfassers über antikes Leben und Denken zur Schau. Besonders hübsch ist die Beschreibung der Sonnenfinsternis beim Tod Christi, die Dionysius, damals noch Heide, von Athen aus beobachtete. Als Nothelfer galt Dionysius als Patron der Schützen. Um der Legende willen sollte er vor allem gegen Kopfweh helfen.

In der Gruppe ist er durch die Art seiner Darstellung leicht zu erkennen. Ob er wohl phantasievolle Betrachter zu merkwürdigen Geschichten anregte?

Der Mesnersohn, der sich nicht fürchtete

In einem Dorf lebte einmal der Sohn eines Mesners, der war ein frischer, kecker Bursche und fürchtete sich vor gar nichts und niemand. Seine Eltern waren gestorben, und er lebte mit seiner Schwester zusammen. Aber er blieb fast nie daheim, streifte in Wald und Feld umher, und nachts, wenn andere Leute in der Stube saßen, ging er auf dem Friedhof umher und hätte gern Geister gesehen. Es erschien ihm aber nie einer.

Seiner Schwester gefiel das gar nicht, und als kein Zureden half, wollte sie ihn einmal recht erschrecken. Sie wickelte sich in ein großes Leintuch, ging ihm auf den Friedhof nach, schlich hinter ihm drein und rief mit verstellter Stimme: „Donisl, jetzt hol' ich dich." Donisl aber drehte sich um, packte den vermeintlichen Geist und warf ihn in eine offene Grube. Die arme Schwester hatte sich aber das Bein gebrochen und schrie jämmerlich. Da holte er sie heraus, trug sie heim, und weil sie ihm böse war, beschloß er, in die Welt zu ziehen und sein Glück zu suchen.

Eines Nachts kam er zu einem Dorfwirtshaus und hätte gern übernachtet, es war aber kein Bett mehr frei. Der Wirt sagte: „Es gäbe schon noch ein Bett droben auf dem Schloß. Da stehen alle Zimmer leer, niemand will darin wohnen, denn es geistert darin und niemand ist noch lebendig wiedergekommen." Das war dem Donisl gerade recht. Er bat den Wirt um einen Laib Brot, einen Käse, einen Krug Wein, eine Lampe und ein Kartenspiel. Der Wirt gab ihm alles, dazu noch den Schlüssel, und der Bursche ging hinauf ins Geisterschloß. Er sperrte auf, ging durch die leeren Zimmer, in denen die Spinnweben wie Vorhänge hingen, suchte sich das größte und setzte sich an den Tisch.

Nachdem er gegessen und getrunken hatte, mischte er die Karten, spielte aus und tat, als säße ihm einer gegenüber. Um Mitternacht sprang die Tür auf, ein riesiger Kerl in einem schwarzen Gewand trat ein, setzte sich zu ihm an den Tisch und spielte mit. Sie sprachen kein Wort, und als die Uhr eins schlug, verschwand das Gespenst.

Jetzt legte sich Donisl zum Schlafen nieder und schlief bis in den Tag hinein. Der Wirt meinte schon, es sei ihm schlecht bekommen, da trat er auf einmal in die Wirtsstube und war ganz munter. Da staunten alle, und der Wirt fragte, ob er vielleicht nochmals droben schlafen wolle? „Ja", sagte der Bursche, „ich hätte nur gern ein bißchen mehr Unterhaltung."

Als er nun wieder saß und Karten spielte und die Uhr zwölf schlug, traten fünf Kerle ein, die winkten ihm zu, mitzukommen. Sie führten ihn in den Keller, da war eine Kegelbahn. Sie stellten die Kegel auf, nahmen sich die Köpfe vom Hals und begannen zu kegeln. Da konnte Donisl freilich nicht mittun, aber er lieh sich einfach den Kopf des größten Gespensts und traf alle Neune.

Am Morgen sagte der Wirt, er solle es doch noch einmal versuchen, und Donisl willigte ein. In dieser Nacht kam wieder der Kartenspieler, aber nachdem sie ein Weilchen gespielt hatten, trat noch ein Gespenst ein, das trug einen schweren Sack auf dem Rücken und brummte: „Nimm mir den Sack ab." Donisl antwortete: „Ich hab' ihn dir nicht aufgeladen, drum nehm' ich ihn auch nicht runter." Da stellte das Gespenst den Sack selbst auf den Boden, setzte sich an den Tisch, und jetzt konnten sie zu dritt spielen. Als es eins schlug, standen die beiden auf, und der Sackträger sagte: „Heb mir den Sack hinauf." Donisl sagte: „Ich hab' ihn dir nicht abgenommen, ich lad' ihn dir auch nicht auf." Da waren die Gespenster erlöst und zeigten ihm eine Truhe voll Gold, das sollte ihm gehören.

Als der Graf, dem das Schloß gehörte, das erfuhr, schenkte er ihm eine weitere Truhe mit Gold, so froh war er, wieder darin wohnen zu können. Donisl baute sich ein schönes Haus, aber nach einem Jahr war es ihm so langweilig, daß er wieder in die Welt zog, um neue Abenteuer zu suchen. Er gelangte in eine Stadt, da gingen die Leute mit trauriger Miene umher, und aus den Fenstern hingen schwarze Tücher. Als Donisl nach dem Grund fragte, erzählten sie ihm, ein neunköpfiger Drache wolle am andern Tag die schöne Prinzessin holen.

Donisl ging zu einer Wirtin und bat sie, ihm neun Knödel zu kochen, die sollten so groß wie Köpfe sein. Mit diesen Knödeln trat er am Morgen vor den Drachen hin, der sperrte seine neun Rachen auf. Donisl warf in jeden einen Knödel, da erstickte das Untier. Der König war so froh, daß er ihm seine Tochter zur Frau geben wollte. Donisl aber mochte noch nicht heiraten und sagte, er wolle erst ein Jahr in der Welt herumziehen.

Als er nun zurückkam, hatten sie ihn ganz vergessen, und die Königstochter wollte sich gerade mit einem schönen Prinzen vermählen. Der König war ganz verlegen und fragte ihn, ob er nicht statt seiner Tochter einen Sack Gold haben wolle. Das war dem Donisl auch recht, er nahm das Gold, zog heim, versöhnte sich mit seiner Schwester und lebte vergnügt bis an sein Ende.

Das Märchen hat mir meine Großmutter oft erzählt, und immer sagte sie, dem Donisl habe sein Namenspatron geholfen. Sie war aber schon recht alt und hat es wohl nicht mehr so genau gewußt.

ERASMUS

Mit Erasmus wurde ein weiterer Bischof in die Schar der Vierzehn Nothelfer aufgenommen, der die „Väter" vertrat und bereits durch viele Legenden dem Volk vertraut war. Er wurde einer der Mutterkirchen apostolischer Gründung zugeteilt: als Bischof von Antiochia vertrat er die schon ins 2. Jahrhundert zurückreichende hierarchische Ordnung, die sich trotz der Unruhen jener Jahrhunderte rasch entfaltete und dadurch den Mysterienreligionen überlegen wurde. Die Legende schreibt Erasmus außer der Bischofswürde ein siebenjähriges Einsiedlerleben in vertrauter Gemeinschaft mit den Tieren zu. Später befreite ihn ein Engel aus dem Kerker und brachte ihn nach Gaeta bei Neapel, wo er nach mancherlei Martern unter Diokletian hingerichtet wurde.

Zur Zeit seiner Aufnahme unter die Vierzehn hatte sich sein Ruhm längst entlang der Küsten Italiens, Portugals, Spaniens und Frankreichs verbreitet. Als Patron der Seeleute löste Erasmus – oder St. Elmo – ältere Gottheiten der Meere ab. Sein Attribut, die Ankerwinde, wurde von „Landratten" später fälschlich als Marterwerkzeug gedeutet, mit dem man seine Gedärme aufgewickelt habe. Damit wurde er zum Patron der Drechsler. Daß er mit Pfriemen gefoltert worden sei, machte ihn auch zum Patron der Schuster.

Aber mit der christlichen Seefahrt ist er bis heute durch eine elektrische Entladungserscheinung an Schiffsmasten verbunden, die bereits im Altertum als gutes oder böses Omen gedeutet wurde und uns als Elmsfeuer ein Begriff ist. Auch das Elmsfeuer wurde auf dem Festland umgedeutet zu Blitzen, die während einer Predigt des Heiligen ringsum herniederzuckten, während über ihm der Himmel strahlend blau blieb.

Solche Sagen sind dauerhafter als manch nüchterne Überlegungen. Sie erzählen von mächtigen Helfern, die das Herz stärken in der Gefahr.

Der Schuster am Meer

Es war einmal ein Königssohn, der lebte mit seinen drei Schwestern in einem Schloß mit Vater und Mutter, ging täglich auf die Jagd, freute sich seines Lebens und dachte an nichts Arges. Da starben der König und die Königin, der Prinz sollte für seine Schwestern sorgen und war doch noch so jung. Eines Tages gingen alle vier ganz betrübt im Garten spazieren, als ein fürchterliches Gewitter aufzog. Die Blitze zuckten hernieder, der Donner krachte, der Sturm brauste und heulte. Plötzlich stürzte sich ein Adler herab, packte die älteste Schwester und verschwand.

Lange wagten sich die Geschwister nicht mehr in den Garten; doch eines Tages schien die Sonne so schön, da gingen sie doch zusammen hinaus. Ein Gewitter zog auf, die Blitze zuckten, der Donner krachte, der Sturm heulte und brauste. Ein gewaltiger Löwe sprang herbei, packte die mittlere Schwester und eilte mit ihr davon. Jetzt verbot der Königssohn seiner jüngsten Schwester, das Schloß zu verlassen, und sie saß in ihrem Zimmer wie eingesperrt. Eines Nachts aber kroch eine gewaltige Schlange in ihr Gemach, ringelte sich um sie herum und führte sie mit sich fort. Der Königssohn war nun ganz allein und grämte sich sehr.

Traurig streifte er durch den Garten, da flog ein schneeweißes Vöglein vor ihm her, das glänzte, daß der dunkle Garten ganz hell wurde. Der Jäger wollte es mit seinem Netz fangen, aber das Vöglein flog davon über die Mauer, und im Garten war es ganz dunkel. Da beschloß er, das Vöglein zu suchen, verließ das Schloß und den Garten und machte sich auf den Weg. Er wußte bald nicht mehr, wo er war, schaute um sich und erblickte auf einmal ein Licht. Als er darauf zuging, kam er zu einem Palast. Er klopfte, da schaute eine Frau aus dem Fenster, und er erkannte seine älteste Schwester. Voll Freude öffnete sie ihm, fiel ihm um den Hals und begrüßte ihn. „Bist du endlich gekommen, lieber Bruder!" rief sie. „Jetzt sollst du auch meinen Mann kennenlernen." Ihr Mann war aber der Adler. Tagsüber jagte er im Gebirge, nachts kam er heim und wurde ein Riese.

Der Königssohn fürchtete sich wohl ein wenig, als er das hörte, aber die Schwester beruhigte ihn und sagte: „Er ist zwar etwas wild, aber sonst ganz manierlich." Da flog er auch schon zum Fenster herein, warf sich auf den Boden und stand da, doppelt so groß wie der Prinz. „He, Frau", schrie er, „was soll das? Seit wann läßt du fremde Männer ins Haus?" Und er schickte sich an, den Königssohn zu packen und zu zerreißen. Aber die Prinzessin rief: „Sachte, sachte! Das ist mein Bruder!" – „Ja warum hast du das nicht gleich gesagt?" fragte ihr Mann und umarmte den Prinzen so heftig, daß er fast erstickte.

Dann setzten sie sich an den Tisch, aßen und tranken, und der

Riese fragte, wie er zu ihnen gefunden habe. Als der Prinz es erzählte, lachte er so sehr, daß die Bänke und der schwere Eichentisch nur so wackelten. „Den Vogel wirst du nie fangen", rief er, „so wahr ich ein Adler bin." Schließlich legten sie sich zum Schlafen nieder. Am Morgen, als der Königssohn aufstand, saß der Riese schon wieder als Adler auf der Fensterbank und wollte gerade wegfliegen. Er riß sich mit dem Schnabel eine seiner Federn aus, gab sie ihm und sprach: „Solltest du einmal in Not geraten, dann wirf die Feder in die Luft." Der Königssohn dankte ihm, verabschiedete sich von ihm und seiner Schwester und zog weiter.

Auf einmal sah er wieder das schneeweiße Vöglein und hätte es gar zu gerne gefangen. Den ganzen Tag flog es vor ihm her; doch abends war es verschwunden, im Wald war es finster, und er wußte nicht, wo er sich befand. Als er sich umschaute, sah er ein Licht, ging darauf zu und kam zu einem Palast. Er klopfte an das Tor, und aus dem Fenster schaute seine mittlere Schwester. Voll Freude sprang sie die Treppe herunter, öffnete, fiel ihm um den Hals und führte ihn in ein großes, prächtiges Zimmer. „Hast du endlich zu mir gefunden", rief sie und erzählte ihm, ihr Mann wäre der Löwe, jage tagsüber und nachts sei er ein Mann. „Er brüllt zwar gelegentlich", meinte sie, „sonst aber ist er ganz manierlich."

Da sprang der Löwe auch schon die Treppe herauf, warf sich zu Boden, stand da als Mann, war aber dreimal so groß wie der Königssohn. „He, Frau", brüllte der Riese, „was will der Fremde in meiner Stube?" Und er wollte sich auf den Königssohn stürzen, so daß diesem schon ganz angst wurde. Aber seine Schwester rief: „Willst du wohl einhalten? Das ist mein Bruder!" – „Wenn das so ist, soll er willkommen sein", sprach der Riese und klopfte dem Königssohn so kräftig auf die Schulter, daß er fast zusammenknickte. Dann setzten sie sich zu Tisch, aßen und tranken, und der Löwe fragte: „Wie hast du uns denn gefunden?" Als er hörte, daß der Königssohn hinter dem weißen Vöglein herjagte, lachte er so sehr, daß der ganze Palast ins Wackeln geriet. „Das wird dir sowenig gelingen, wie ich wahrhaftig ein Löwe bin!" rief er. Schließlich gingen sie zu Bett.

Als der Prinz am Morgen aufstand, war sein Schwager schon wieder zum Löwen geworden und wollte gerade aus dem Haus. Er rupfte sich ein Haar aus der Mähne und sprach: „Wirf es auf den Boden, wenn du mich brauchst." Der Prinz bedankte sich, verabschiedete sich von seiner Schwester und ging. Kaum trat er aus dem Tor, da sah er auch schon das Vöglein. Den ganzen Tag flog es vor ihm her, doch abends war es verschwunden, und er stand im tiefsten, dichtesten Wald.

Wieder sah er ein Licht, gelangte zu einem Palast, und als er klopfte, schaute seine jüngste Schwester zum Fenster heraus. Wie der Wind lief sie herunter, öffnete die Tür, fiel ihm um den Hals, küßte ihn und rief: „Ach Bruder, bist du endlich gekommen, lange warte ich schon auf dich!" Sie führte ihn in einen herrlichen Saal, hieß ihn sich setzen und erzählte, ihr Mann sei der Schlangenkönig, der tagsüber unter der Erde weile, nachts aber als Mann zu ihr käme. „Wird er mir auch nichts tun?" fragte der Königssohn, sie aber beruhigte ihn.

Da hörte man ein leises Schaben, das waren die Schuppen des

Schlangenkönigs, der zur Tür hereinkroch und seine Haut abstreifte. Er war aber sechsmal so groß wie der Prinz. „Nun, Liebste, wen hast du hier zu Besuch?" fragte er und schaute mit so großen, funkelnden Augen auf den Prinzen, daß ihm der Mut sank. Seine Schwester sprach freundlich: „Das ist mein lieber Bruder." Da umarmte ihn der Schlangenkönig so herzlich, der Prinz konnte fast nicht mehr atmen. Endlich ließ er ihn los, sie setzten sich, aßen und tranken, und der Prinz erzählte, wie er hierher gekommen war.

Der Schlangenkönig schüttelte den Kopf und sagte betrübt: „Du wirst das Vöglein so wenig fangen, wie ich wahrhaftig der Schlangenkönig bin." Am andern Morgen, als der Königssohn aufstand, schenkte ihm der Schlangenkönig eine Schuppe und sprach: „Reibe sie zwischen den Fingern, wenn du mich brauchst."

An diesem Tag ging es wie zuvor: Das Vöglein wartete schon auf ihn und flog gerade so schnell, daß er es nie aus den Augen verlor, nie aber fangen konnte. Endlich gegen Abend lichtete sich der Wald, da stand er am Ufer des blauen Meers. Das Vöglein flog über das Wasser, als wäre es ein Streifen Mondlicht. Da weinte der Königssohn, ging am Ufer hin und her und suchte nach einem Schifflein. Es war aber weit und breit keines zu finden.

Endlich traf er auf ein Hüttchen, und als er eintrat, saß da ein alter Schuster an seinem Schustertisch und nähte an einem Paar goldener Schuhe. Er sprach: „Ich weiß schon, warum du hier bist. Es wird dir aber nicht leichtfallen, das Vöglein zu fangen. Es ist nämlich eine verzauberte Prinzessin, die jeden Abend auf die Insel zum König von Babylon zurückkehren muß, um die ganze Nacht mit ihm zu tanzen. Ich muß ihr jedesmal ein Paar Schuhe hinüberbringen." Der Prinz bat den Schuster, ihn mitzunehmen. Der fragte: „Weißt du auch, in welche Gefahr du dich begibst? Der König von Babylon ist groß wie ein Turm und stark wie ein Drache, er wird dich nicht schonen." Aber der Prinz bat so lange, bis der Schuster sagte: „So will ich dich mitnehmen."

Er warf sich einen schwarzen Mantel um die Schulter, nahm den Prinzen unter den Arm, die Goldschuhe, die eben fertig waren, in die Hand und flog wie ein Sturmwind übers Meer. Die Blitze zuckten ringsumher, und die Wellen erhoben sich hoch wie Berge. Als sie zur Insel kamen, stand da ein gewaltiges Schloß, das reichte bis zu den Wolken.

Der König von Babylon trat heraus und schrie: „Knirps, du willst mit mir kämpfen? Warte bis zum Morgen, denn nachts will ich tanzen." Der Schuster lieferte die Schuhe ab und flog zurück. Der Königssohn saß vor dem Schloß, drinnen spielte die Musik, tanzte die arme Prinzessin. Am Morgen kam der König von Babylon und schrie: „Nun wollen wir kämpfen!" Sie begannen miteinander zu ringen; aber es dauerte nicht lange, da merkte der Prinz, daß ihn die Kräfte verließen.

Er erinnerte sich an den Adler, zog die Feder aus der Tasche und warf sie in die Luft. Der Adler stürzte vom Himmel herab auf den König von Babylon, kämpfte mit ihm bis zum Mittag. Dann rief er dem Prinzen zu: „Ich muß ausruhen; rufe meinen Bruder, den Löwen."

Der Prinz zog das Haar aus der Tasche, der Löwe stand da, brüllte und warf sich auf den König von Babylon. Bis zum Abend währte der Kampf, dann rief der Löwe: „Ich muß ausruhen, rufe meinen Bruder, den Schlangenkönig herbei."

Der Prinz rieb die Schuppe zwischen den Fingern, da rauschte das Meer, der Schlangenkönig tauchte aus dem Wasser, umschlang den König von Babylon und fuhr mit ihm in die Tiefe.

Als der Schlangenkönig wieder auftauchte, trat eben die Prinzessin aus dem Schloß, schön wie der Mond. Da waren auch die Brüder erlöst; denn sie waren Prinzen, die der König von Babylon verzaubert hatte. Auf einem Schiff fuhren sie zurück ans Ufer, da warteten schon die drei Schwestern. Jetzt war die Freude groß. Der Prinz heiratete das erlöste Vöglein, und alle lebten in Glück und Zufriedenheit. Euch allen wünsche ich dasselbe!

EUSTACHIUS

Aus Inschriften ist Bassus, der treue Diener dreier Kaiser, bekannt. Unter Domitian, Trajan und Hadrian erwarb er sich so große Verdienste um Rom, daß dieser letzte ein gewaltiges Trauergeleit für ihn von Siebenbürgen bis Pergamon anordnete, wo er im ehrenvollen Gewand des hochgestellten kaiserlichen Dieners bestattet wurde.

Die Legende teilte Placidus, dem angesehenen Heerführer Trajans, ein anderes Schicksal zu. Er wird Christ und erhält in der Taufe den Namen Eustachius. Unter Hadrian erleidet er den Tod als Märtyrer.

Der bekannteste Teil der Legende verband sich, etwas geändert, in Deutschland mit der Gestalt des Bischofs Hubertus von Lüttich. Während dessen Vita aber im übrigen recht nüchtern ist, wirkt das Leben des Eustachius märchenhaft. Der reiche, hochgeachtete Mann verfolgt auf der Jagd einen ungewöhnlich schönen Hirsch. Plötzlich sieht er zwischen dessen goldglänzendem Geweih Christus am Kreuz, der sich „durch des Hirschen Mund" ihm offenbart als der, den er verfolgt, der ihn aber um seiner Liebe zu den Armen willen bekehren will.

Placidus, seine Frau und seine beiden Söhne werden Christen. Damit wendet sich sein Schicksal: Er fällt in Ungnade, seine Knechte und Mägde sterben, Räuber überfallen sein Haus. Verarmt und verachtet flieht er mit seiner Familie nach Ägypten und verliert auf der Reise Frau und Söhne. Nach Jahren finden sie einander auf wunderbare Weise wieder, kehren nach Rom zurück und werden von Hadrian zunächst mit großen Ehren aufgenommen. Da sie den Göttern nicht opfern wollen, schließt man sie in den Leib eines eisernen Stiers ein. Ein gewaltiges Feuer wird darunter entfacht. Als man sie nach drei Tagen herausholt, sind sie zwar tot, doch kein Haar ist gekrümmt von der Feuersglut. Christen bestatten sie in Ehren.

Außer dem Hiob-Motiv sind ferne Erinnerungen an sehr alte Mythen in die Legende eingegangen, Bilder von großer Eindringlichkeit und Schönheit. Das Schicksal des Jägers Orion, der keltische Hirschkult, das Thema vom Kampf des alten und jungen Königs klingen an. Dem Kreuz zwischen dem goldenen Geweih geht das silberne Dreieck an der Stirn des Hirschs voraus und führt uns weiter zurück zur Mondgöttin.

Wenn am Ende der Legende Eustachius mit seiner Familie im glühenden Stier stirbt, erinnern wir uns zuerst an die drei Jünglinge im Feuerofen; doch hinter dieser Geschichte glänzt Apis, der Sonnenstier mit dem mondförmigen weißen Fleck zwischen den Hörnern. In der patriarchalen Welt ist noch eine Ahnung älterer, matriarchaler Kulte.

Die Legende gleicht der Traumwelt einer Nacht. Erwachen wir, sind wir verwirrt und beglückt zugleich, weil wir hinter den sich ständig wandelnden Bildern der Welt die Ruhe der Ewigkeit ahnen.

Der Jäger

Es war einmal ein Jäger, dem es daheim nicht mehr gefiel. Er zog aus, streifte lange umher und kam endlich zu einem Dorf. Da hatten die Leute seit Menschengedenken keinen Fremden mehr gesehen; sie nahmen ihn freundlich auf und ließen sich von ihm Neuigkeiten aus der weiten Welt berichten. Als er sie aber fragte, ob er in dem großen Wald hinter dem Dorf jagen dürfe, da gaben sie ihm zuerst keine rechte Antwort.

Endlich, weil er nicht abließ, sagten sie, in dem Wald sei es nicht geheuer. Früher sei manchmal noch jemand auf die Jagd gegangen, als aber keiner wiederkehrte, habe man es aufgegeben. Es müsse sehr viel Wild in dem Wald sein, und wer sich bis zum Waldrand wage, der könne von weitem Hirsche, Rehe, Wildschweine und anderes Getier erblicken; sie seien aber so still, als wären es Schatten. Es lebe auch ein Hirsch darin, der sei so alt wie der Wald selber.

Ein Bauer sagte: „Mein Großvater hat erzählt, er habe einmal einen Hirsch gesehen, der stand zwischen den Bäumen und hatte ein goldenes Geweih. Als sich aber der Großvater bewegte und auf einen dürren Ast trat, sprang der Hirsch davon wie der Wind. Mein Großvater hat auch gesagt, es habe zwischen dem Geweih etwas geschimmert wie ein Kreuz. Er ist dann noch ein paarmal zum Waldrand gegangen, und wie ich ein kleiner Knirps war, hat er mich manchmal mitgenommen. Der Hirsch war aber nie mehr zu sehen."

Der Jäger hörte sich alles an, legte sich endlich schlafen und träumte von allerlei merkwürdigen Tieren. Am Morgen bedankte er sich bei den Leuten, warf sein Gewehr über die Schulter und zog weiter. Er kam zu dem Wald, und weil er auf Abenteuer aus war, überlegte er nicht lange und ging immer weiter hinein. Aber nicht das kleinste Häslein lief ihm vor die Flinte, kein Vogel sang, und er wurde müde und setzte sich unter einen Baum.

Auf einmal sah er einen großen, schönen Hirsch, der zog ganz ruhig zwischen den Bäumen dahin. Sein Geweih leuchtete aber so hell, daß der dunkle Wald glänzte wie die Kirche am Festtag. Der Jäger stand behutsam auf und schlich dem Hirsch nach. Als er eine Weile gegangen war, trat er auf ein dürres Zweiglein, es knackte ein wenig und wie der Wind sprang der Hirsch davon und war verschwunden.

Da stand der Jäger mitten im Wald, es war dunkel, und er wußte die Richtung nicht mehr. Wie er um sich schaute, sah er hinter einem dichten Gebüsch ein Gemäuer, und als er darauf zuging, stand ein großes Haus vor ihm. Er klopfte an das Tor, und eine steinalte Frau öffnete ihm. Sie sagte: „Woher kommst du denn, und was willst du?" Der Jäger antwortete: „Ach Großmütterchen, du fragst mich aus, ehe du mich eintreten ließest. Gib mir erst zu essen und zu trinken, dann magst du mich fragen." Da führte ihn die Alte in ein Zimmer, hieß ihn sich niedersetzen, klatschte in die Hände, und ein Mädchen trat ein, das war so schön, ich würde euch gern sagen, wie schön sie war, aber nicht einmal im Märchen ist es auszusprechen. Sie brachte dem Jäger zu essen und zu trinken und ging wieder; sie sagte aber kein Wort. Nachdem er sich gesättigt hatte, fragte die Frau: „Nun, Jäger, sag mir, was du hier willst?" Der Jäger hatte nur noch einen einzigen Wunsch und sagte: „Ich möchte das Mädchen zur Frau." – „Du bist nicht dumm", erwiderte sie. „Aber so leicht geht das nicht, du mußt erst drei Aufgaben lösen, ehe du meine Tochter bekommst."

Am andern Morgen stellte sie ihm die erste Aufgabe und sprach: „Hinter meinem Haus steht ein dürrer Baum, den sollst du umhauen, zersägen, in kleine Scheite hacken und ordentlich stapeln." Der Jäger dachte: „Das ist genug Arbeit für einen Tag", meinte aber, er brächte es schon fertig. Aber die Alte gab ihm eine silberne Axt, der Baum war so dick, daß drei Männer ihn nicht hätten umspannen können, und so hoch, daß er weit hinein in die Wolken reichte. Die Axt verbog sich beim ersten Hieb. Da merkte der Jäger wohl, daß die Alte ihren Spott mit ihm trieb, setzte sich unter den Baum und weinte. Gegen Mittag kam das schöne Mädchen, brachte ihm zu essen und zu trinken und sagte: „Wer fleißig ist, soll auch essen." Er war ganz betrübt, weil auch sie ihn zum Narren hatte. Sie lachte aber und sprach: „Leg dich ins Moos und tu die Augen zu." Und als er vor lauter Kummer einschlief, begann sie zu arbeiten und, hast du nicht gesehen, war der Baum gefällt, zersägt, zerhackt, und als er aufwachte, stand ein riesiger Holzstoß da, sauber gestapelt, daß man im Winter nur noch die Scheite wegnehmen mußte.

Am Abend kam die Alte, schaute den Holzstoß an, sagte aber kein Wort. Am nächsten Morgen sprach sie: „Der Brunnen vor dem Haus gibt kein Wasser mehr, und ich muß es aus einem alten Tümpel holen. Du sollst mir den Brunnen reinigen und einen Eimer Wasser in meine Küche tragen." Sie gab ihm aber nur ein dürres Stöcklein, wie sie überall im Wald liegen, dazu einen Eimer, der war verrostet und hatte keinen Boden. Als er in den Brunnen sah, war er bis obenhin mit Schlamm gefüllt, er wußte sich keinen Rat und weinte. Gegen Mittag kam wieder das Mädchen und riet ihm, zu schlafen.

Als er erwachte, war das Mädchen verschwunden. Aber im Brunnen glänzte das Wasser so klar, daß er sich darin spiegeln konnte, und der Eimer stand daneben, war wie neu und gefüllt mit dem frischesten, süßesten Wasser. Er trug es in die Küche. Die alte Frau nahm es, sagte aber kein Wort.

Am Morgen sprach sie zum Jäger: „Vor meinem Schlafzimmerfenster ist ein Berg, der nimmt mir die ganze Aussicht. Trage ihn ab, damit ich wieder hinausschauen kann." Sie gab ihm aber nichts als einen alten Blechlöffel. Als der Jäger zum Berg kam, war er höher als das Haus und so fest, als wäre er aus Pech. Der Jäger wollte dennoch mit der Arbeit beginnen, aber der Löffel verbog sich, und er warf ihn voll Zorn auf die Erde. Gegen Mittag kam wieder die schöne Jungfrau, riet ihm, zu schlafen, und als er erwachte, war der Berg abgetragen, und eine breite Straße führte von dem Haus fort. Da mußte ihm die Alte ihre Tochter geben, so sauer es ihr auch wurde.

Nun zog der Jäger mit seiner Braut auf der Straße weiter, und als sie eine Weile gegangen waren, sahen sie von weitem die Stadt, in welcher der Jäger daheim war. Da sprach er: „Setze dich hier unter die Linde, dann will ich gehen, meinen Eltern Bescheid geben und dich mit der Kutsche abholen." Sie bat ihn aber, sich nicht küssen zu lassen, ehe er sie nicht abgeholt hätte, und er versprach es ihr.

Kaum aber trat er ins Haus, da lief die Mutter herbei, fiel ihm um den Hals, weinte vor Freude und küßte ihn. Da vergaß er die schöne Braut, so daß sie allein unter der Linde sitzen blieb. Als er lange nicht kam, wußte sie schon, was geschehen war. Sie ging in die Stadt, kaufte sich ein Haus gegenüber dem seinen und schaute jeden Morgen nach ihm aus. Er ging auch oft vorüber, aber er blickte nie zu ihrem Fenster hinauf, und wenn er auch geschaut hätte, so hätte er sie doch nicht erkannt.

So verging ein Jahr, da sollte der Jäger heiraten, und die Eltern suchten ihm eine Braut. Die schöne Jungfrau hatte aber von daheim drei goldene Nüsse mitgenommen, und als der Jäger mit der Braut zur Kirche gehen wollte, öffnete sie eine Nuß. In der war ein goldenes Spinnrädlein, mit dem setzte sie sich ans Fenster und begann zu spinnen.

Die Sonne schien auf das Spinnrad, daß es glänzte und die Braut so blendete, daß sie aufschaute und das Mädchen da sitzen sah. Sie sagte: „Wenn ich das Spinnrädlein nicht zu meiner Aussteuer bekomme, kann ich nicht heiraten." Man fragte das Mädchen, ob ihr das Rädlein nicht feil wäre. „Ja", antwortete sie, „aber ich möchte dafür eine Nacht beim Bräutigam schlafen." Die Braut willigte ein, und als alles schlief, trat die Jungfrau in das Schlafzimmer zum Jäger, setzte sich an sein Bett und sagte:

> „Lieber Jäger, hör mich an,
> hab' ich nicht deine Arbeit getan?
> Unter der Linde bin ich gesessen,
> du aber hast mich vergessen."

Die Braut hatte aber dem Jäger einen Schlaftrunk gegeben, so daß er nichts hörte und nur meinte, der Wind rausche in den Bäumen im Garten.

Am andern Morgen, als er mit der Braut in die Kirche wollte, öffnete die schöne Jungfrau die zweite Nuß. In der war ein silberner Stickrahmen mit einer goldenen Nadel, wenn man damit stickte, entstanden so schöne Muster, wie sie auf der Welt nicht ihresgleichen hatten. Als die Braut das Mädchen damit am Fenster sitzen sah, sagte sie, sie könne erst heiraten, wenn sie den Stickrahmen in ihrer Aussteuer hätte. Das Mädchen war bereit, ihn für eine Nacht beim Bräutigam herzugeben, und als alles schlief, ging sie zu ihm in die Kammer und sprach:

> „Lieber Jäger, hör mich an,
> hab' ich nicht deine Arbeit getan?
> Unter der Linde bin ich gesessen,
> du aber hast mich vergessen."

Der Jäger hörte sie nicht und meinte, der Wind rausche in den Bäumen im Garten, denn die Braut hatte ihm einen Schlaftrunk gegeben. Als er am andern Morgen zur Kirche gehen wollte und die Leute schon alle in der Reihe standen, öffnete die schöne Jungfrau die dritte Nuß. In der war eine goldene Glucke mit goldenen Küchlein, die pickten um sie herum. Sie nahm das Spielzeug und trat damit vor die Tür und die Leute staunten, denn so etwas Schönes hatten sie noch nie gesehen. Die Braut erklärte, sie könne nicht heiraten, sie hätte denn die Glucke in ihrer Aussteuer.

So saß die Jungfrau nachts wieder beim Jäger und sagte ihr Sprüchlein, aber er wachte nicht auf. Da weinte sie bitterlich, denn jetzt hatte sie nichts mehr zu tauschen, und wenn er sie diese Nacht nicht hörte, hatte sie ihn für immer verloren.

Ein Mäuschen hörte das Weinen, schlüpfte aus dem Loch, lief übers Bett und biß den Jäger ins Ohr. Da erwachte er, und als er die schöne Jungfrau weinend am Bett sitzen sah, fiel es ihm wie Schuppen von den Augen, und er nahm sie voll Freude in den Arm.

Am andern Morgen versammelte er die Hochzeitsgäste und fragte: „Wenn einer einen kostbaren Schlüssel hat und ihn verliert und einen schlechteren dafür nehmen soll, aber den ersten wieder findet – welchen soll er behalten?" – „Den alten!" riefen alle. Da erzählte er ihnen seine Geschichte; die falsche Braut ging heim, und er heiratete die wahre.

GEORG

Der Archidiakon Theodosius erwähnt in seinem Pilgerbuch (um 350) das Martyrium und das Grab des Heiligen in Lydda. In Syrien gehörten die Georgskirchen zu den ältesten Kirchen, die einem Heiligen geweiht waren.

Die Merowinger führten ihren Stammbaum auf den Ritter aus Kappadokien zurück, der nach einer Passio aus dem 5. Jahrhundert unter Diokletian enthauptet wurde. Ein Fresko aus dem 6. Jahrhundert in einem altkoptischen Kloster zeigt ihn als Krieger zu Fuß. Diese durch die Inschrift ausgewiesene Darstellung hält sich über Jahrhunderte in der byzantinischen Ikonographie.

Durch die „Legenda Aurea" wird sein Bild als Drachentöter geprägt und bis heute tradiert. Die Fülle der Darstellungen des heiligen Ritters, Patrons nicht nur von Ritterorden, sondern auch der Bauern, der Bergleute, der Harnischmacher, der Artisten, der Sattler und Schmiede, der Pfadfinder, der Pferde, ist nicht zu überblicken.

Die zahlreichen Martern, in denen die Legende schwelgt, wurden zugunsten des Drachenkampfs vergessen, der zu den ältesten Vorstellungen der Menschheit zählt.

Bereits im neolithischen Eurasien findet sich der Komplex Schlange-Wasser-Regen-Sturm-Wolke; ebenso in Australien, Afrika und in den beiden Amerika. Der Drache als Regenbringer und Fruchtbarkeitsgott gilt in seinem positiven Aspekt bis heute in China als glückbringendes Symbol. In den Hochkulturen Mesopotamiens wird die feuerspeiende Schlange zum Symbol des Bösen.

Der Held, der den Drachen besiegt, gilt als Herrscher der Welt. Diese Vorstellungen tauchen immer wieder auf, z. B. auch in der Apokalypse des heiligen Johannes.

Wir sind dabei, die Zweideutigkeit des Symbols wiederzuentdecken. Der Drache war ja auch seiner äußeren Form nach zunächst ein Mischwesen, etwa mit Schlangenleib, Löwenkopf und Adlerflügeln dargestellt, ehe es zu dem uns vertrauten Bild wurde, das die Phantasie eher einengte. Als Wandlungssymbol wird er einer Zeit verständlich, in der die Chaosforschung von Bedeutung wurde.

Wir erkennen, daß jede Ordnung zur Unordnung tendiert, daß aber ohne Chaos kein Kosmos möglich ist. Es scheint, daß der Drache nicht ungestraft getötet werden darf. Eine Ahnung davon bewahrt der Mythos vom Drachentöter Apollo, der für seine Tat ein heiliges Jahr – das sind acht Jahre – büßen mußte.

Warum dieses Muster von Licht und Finsternis, Chaos und Kosmos in die Welt eingewoben ist, warum Schönheit und Grausamkeit der Natur (die menschliche mit eingeschlossen), ihre

Macht wie ihre Verletzlichkeit nicht zu trennen sind, warum unsere Sehnsucht nach Frieden und Harmonie sich ständig gegen unsere Aggressionslust zu verteidigen hat, läßt sich nur teilweise erforschen. Am Ende steht das Geheimnis des Lebens. Wir können nur tun, was Märchen ihren Helden raten: uns mit Witz, Verstand und Vertrauen auf den Weg machen zum seligen Ende.

Der Sohn des Schmieds

Es war einmal ein Schmied, der war geschickt in allen Dingen. Er lebte mit seiner Frau in Eintracht, und nichts hätte zu ihrem Glück gefehlt, hätte ihnen nur Gott ein Kind geschenkt. Einmal klopfte es noch spät an die Tür, und als der Schmied öffnete, war draußen ein Ritter in glänzender Rüstung, der sah ganz fremdländisch aus. Er führte ein prächtiges Pferd am Zügel. Das Pferd hinkte aber, weil es ein Hufeisen verloren hatte. Der Ritter grüßte und fragte: „Brennt wohl noch Feuer auf deiner Esse, damit du mein Pferd beschlagen kannst?" Der Schmied, dem das Pferd überaus gut gefiel, hieß den Ritter eintreten, rief seinen Gesellen und sagte zum Ritter, er solle in die Stube gehen und warten, derweil sie die Arbeit verrichten wollten.

Als der Ritter in der Stube saß, kam die Frau des Schmieds und trug Braten und Wein herbei. Der Ritter ließ es sich schmecken, plauderte mit der Frau, und weil er so freundlich war, erzählte sie auch, wie sehr sie sich ein Kind wünschte.

Endlich war das Pferd beschlagen, der Ritter schwang sich in den Sattel und gab dem Schmied den Lohn. Dann zog er noch einen schönen, roten Apfel aus der Satteltasche, reichte ihn der Frau und sagte: „Der Apfel ist aus meiner Heimat, teile ihn mit deinem Mann."

Darauf ritt er davon wie der Blitz und verschwand in der Nacht, ehe man recht schauen konnte. Die Frau aß den Apfel, gab auch dem Mann davon, wie der Ritter gesagt hatte. Im Stall aber hatten sie eine Stute, die liebte die Frau über alles. Als sie nun den Apfelbutzen in der Hand hielt, dachte sie daran, wie gern die Stute Äpfel aß, ging in den Stall und reichte ihr den Butzen mit Kernen und Stiel. Noch war kein Jahr vergangen, da gebar die Frau einen schönen Knaben, und die Stute warf ein Fohlen. Der Knabe wuchs heran und wurde mit jedem Tag schöner, kräftiger und verständiger, so daß ihn jedermann liebhatte. Das Fohlen wuchs auch und war so feurig und doch so fromm, daß der Knabe es schon pflegen konnte, als er noch ganz klein war.

Als er fünfzehn Jahre alt war, sprach er zu Vater und Mutter: „Ich bitte euch, liebe Eltern, laßt mich in die Welt ziehen, daß ich fremde Länder sehe." Die Mutter weinte, weil er sie verlassen wollte, der Vater aber schmiedete ihm ein Schwert und sprach: „Gott und der heilige Georg mögen dich beschützen."

Am Morgen schwang sich der Junge auf sein Pferd und zog vergnügt in die Welt. Ritt er lang, ritt er nicht lang – eines Tages geriet er in einen dunklen Wald, und als er eine Weile geritten war, standen die Bäume immer dichter, und er mußte absteigen und sein Pferd am Zügel führen. Wie er so ging, begegnete ihm ein Jäger, der führte zwei Hunde mit sich. Er fragte den Jungen, woher er komme, und der erzählte es ihm.

Da sagte der Jäger: „Wenn es so ist, kenne ich dich wohl. Geh mit mir, dann will ich dich unterweisen." Der Junge folgte ihm und blieb drei Jahre bei dem Jäger, und der unterwies ihn in allem, was ihm nützen konnte. Nach drei Jahren sagte der Jäger: „Jetzt warst du lange genug bei mir, jetzt sollst du weiterziehen."

Zum Abschied schenkte er ihm einen seiner zwei Hunde. Der Junge nahm sein Pferd, bedankte sich für den Hund und zog weiter. Bald kam er aus dem Wald; da lag vor ihm eine große Stadt, auf die ritt er zu. Da gingen aber die Leute herum, trugen schwarze Kleider und weinten. Er fragte, was das zu bedeuten habe. „Bist du denn fremd, daß du es nicht weißt?" antworteten sie, und sie erzählten ihm: „Vor unserer Stadt ist ein großer See, in dem haust ein Drache. Es war schon schlimm genug, daß er unsere Felder verwüstet und unser Vieh geraubt hat. Jetzt aber will er die Königstochter zur Frau, und wenn sie nicht einwilligt, zerstört er die ganze Stadt." Der Junge fragte: „Gibt es denn keinen, der mit dem Drachen kämpft?" Doch die Leute meinten: „Die Zeiten sind längst vorbei, als es noch solche Ritter gab." Da beschloß der Junge, am andern Tag mit dem Drachen zu kämpfen.

Als die Sonne aufging, ritt er zum See. Die Leute standen auf der Stadtmauer, der König und die Königin und die schöne Königstochter schauten vom Schloßturm aus zu.

Ein Sturm erhob sich, das Wasser toste und schäumte, der Drache hob sein gräßliches Haupt aus den Wellen und brüllte: „Was willst du denn hier? Habe ich nicht die Prinzessin verlangt?", und er kroch ans Ufer, sperrte das Maul auf und stürzte sich auf den Jungen. Aber der wehrte sich tapfer, das Pferd schlug mit den Hufen gegen das Ungeheuer, und auch der Hund warf sich ihm mutig entgegen. Sie kämpften bis zum Abend, da mußte der Drache zurück in den See.

Der Junge aber war ganz erschöpft, fiel vom Pferd und lag da wie tot. Auch das Pferd und der Hund vermochten kaum noch zu atmen. Die Königstochter aber nahm ein Büchslein, darin war eine heilkräftige Salbe, und ging hinunter zum See. Sie bestrich die Wunden des Jungen und bestrich auch die Wunden von Pferd und Hund, daß es nicht lange dauerte und sie wieder ganz munter waren.

Die Königstochter nahm sie mit aufs Schloß, da wurde der Junge mit Freuden begrüßt, bekam zu essen und zu trinken. Er rührte aber die Speisen nicht an, ehe nicht sein treues Pferd und der gute Hund wohl versorgt waren. Dann ließ er sich's schmekken, legte sich in das weiche Bett, das die Prinzessin selbst ihm gerichtet hatte, und schlief.

Am andern Morgen, als die Sonne aufging, ritt er wieder hinunter zum See. Wieder erhob sich der Sturm, begann der gewaltige Kampf und währte bis zum Abend.

Da mußte das Ungeheuer zurück in den See, der Junge lag da wie tot, und auch das Pferd und der Hund atmeten kaum noch. Aber die Prinzessin bestrich sie wieder mit ihrer Salbe, und nach einem Weilchen erholten sie sich, gingen mit der schönen Königstochter ins Schloß und ruhten bis zum Morgen. Die Königstochter sagte: „Wenn du noch einmal bis zum Abend kämpfen kannst, bin ich erlöst."

Heute war der Sturm so gewaltig, daß die Leute auf der Stadtmauer nicht mehr stehen bleiben konnten, sie mußten sich hinter der Mauer verstecken und konnten nur durch die kleinen Löcher schauen. Der Schloßturm wankte, König und Königin stiegen hinab und schauten aus einem anderen Fenster; nur die Prinzessin blieb auf dem Turm, sosehr ihr auch die Eltern davon abraten mochten.

Das Ungeheuer kroch ans Land, peitschte das Wasser mit seinem gewaltigen Schwanz, brüllte und stürzte sich auf den Jungen. Nicht genug damit, spie er auch noch Flammen. Lange hielt der Junge aus, lange trug ihn sein Pferd gegen den Drachen, lange warf sich der Hund ihm entgegen. Endlich aber verließen sie die Kräfte, und alle drei sanken wie tot zu Boden, ehe noch der Abend gekommen war. Die Leute jammerten, die Königin fiel in Ohnmacht, der König rang die Hände, und der schönen Königstochter liefen die Tränen wie Bächlein über die Wangen. Auf einmal glänzte es zwischen den Wolken, ein Ritter in goldener Rüstung ritt auf einem prächtigen Pferd herbei, ein schöner Hund sprang an seiner Seite.

Der Ritter zog sein Schwert, das blitzte und leuchtete wie die Sonne. Da schrie das Untier so laut auf, daß Berge und Täler erbebten, und fuhr zurück auf den Grund des Sees.

Als die Leute noch voll Staunen schauten, war der Ritter verschwunden, der See lag ruhig zwischen den Hügeln, und die Sonne schien vom Himmel.

Die schöne Königstochter lief zum Ufer, es dauerte aber lange, ehe die Salbe wirkte und der Junge mit Pferd und Hund sich erheben konnte. Da wurde er in das Schloß geführt, die Hochzeit

wurde mit Pracht gefeiert, auch die Eltern des Jungen wurden ein-
geladen, und alle lebten vergnügt miteinander.

Ich bin auch bei der Hochzeit gewesen,
bin neben der schönen Braut gesessen.
Bier und Wein sind geflossen,
was ich nicht trank,
haben sie mir übern Kopf gegossen.

PANTALEON

Der Heilige, dem die heilenden Hände auf das Haupt genagelt sind, gehört als Panteleimon, der Allbarmherzige, in der Ostkirche seit dem 4. Jahrhundert zu den Großmärtyrern und Wundertätern. Wie Kosmas und Damian zählt er zu den unentgeltlich heilenden Ärzten. Er sei der Sohn eines Heiden und einer christlichen Mutter und Leibarzt Maximians in Nikomedien gewesen. Sein Tod wird auf das Jahr 305 datiert. Kaiser Justinianos I. (527–565) erbaute ihm eine Kirche in Konstantinopel. Seit dem 9. Jahrhundert steht sein Festtag am 27. Juli im römischen Kalender. In den Alpenländern war dies der sogenannte Dreiärztetag. Darstellungen zeigen ihn in Talartunika, kürzerer Obertunika, Prunkgürtel, Mantel und Mütze, später auch in vornehmer bürgerlicher Kleidung.

Eine Legende aus der zweiten Hälfte des 15. Jahrhunderts läßt erkennen, daß er als christlicher Nachfolger des Asklepios, Apollos Sohn, galt: Heidnische Ärzte verklagen ihn aus Berufsneid beim Kaiser, er würde durch seine Kunst den griechischen Gott der Heilkunst lächerlich machen. Außerdem verwendet die Legende manche der alten Bilder, die sich einst um Asklepios rankten. Der Einfluß gebildeter Autoren ist hier besonders deutlich. So erweckt Pantaleon ein Kind zum Leben, das von einer Natter gebissen wurde. Daß der Stab mit der Natter bis heute Symbol der Ärzte ist, geht auf den Mythos zurück, nach welchem er Glaukos das Leben wiedergab, nachdem er durch eine Schlange ein Kraut kennengelernt hatte, das Tote erwecken konnte. .

In mehreren Kirchen wurden Glasgefäße aufbewahrt, sogenannte Pantaleonsampullen, die angeblich das Blut des christlichen Arztes und Märtyrers enthielten – eine reizvolle Umwandlung der beiden Gläser mit dem Blut der Medusa, die Asklepios von Athene erhielt. Mit dem Blut aus der linken Seite konnte er Tote erwecken, mit dem aus der rechten Seite konnte er vernichten.

Das Thema findet sich in manchen orientalischen wie abendländischen Märchen. Mit Athene selbst verbindet den Pantaleon auch noch der Olivenbaum, an den er bei seinem Martyrium gebunden wurde. Hier kehrt ein besonders schönes Bild abgewandelt wieder: Wie aus dem Blut des Adonis die liebliche rote Anemone erblühte, die im Frühling die Berghänge der Mittelmeerländer so bezaubernd schmückt, so blühen in der Legende aus dem Blut des gegeißelten Pantaleon Rosen, Lilien und Veilchen. Auch die Blumen werden aus einem antiken zu einem christlichen Symbol. Die Namen, die Bilder mögen wechseln, Mythen, Legenden, Märchen erzählen doch von dem, was uns immer bewegt: von Krankheit und Heilkraft, Tod und Auferstehung.

Ohnhändchen

Einem Mann war die Frau gestorben, und er blieb mit einem Mägdlein und einem Knäblein zurück. Wenn das Mägdlein lachte, blühten Rosen im Zimmer; wenn es weinte, fielen ihm Perlen aus den Augen; wenn es sich kämmte, goldene Blumen. Die Nachbarin sagte zu den Kindern: „Sagt eurem Vater, er soll mich heiraten, dann will ich euch mit Milch und Honig nähren, in Samt und Seide kleiden." Der Mann war ein Kaufmann und oft unterwegs; er dachte: „Ich will die Frau heiraten, so sind meine Kinder nicht allein, wenn ich verreise." Er nahm sie zur Frau.

Solange er zu Hause war, nährte sie die Kinder mit Milch und Honig, kleidete sie in Samt und Seide. Als er verreiste, mußten sie Lumpen anziehen und bekamen nur trockenes Brot und Wasser als Nahrung, ihre eigene Tochter erhielt aber von allem das Beste. Dennoch waren die Kinder der ersten Frau so frisch und gesund wie eh und je, wuchsen heran und wurden immer schöner.

Eines Tages ging der König am Haus des Kaufmanns vorbei und sah das schöne Mädchen. Am andern Tag kam er wieder, und am dritten Tag fragte er sie, ob sie ihn heiraten wolle. „Wenn ich meinen Bruder mitnehmen darf, sage ich ja", antwortete das Mädchen. Da hielten sie Hochzeit, Bruder und Schwester zogen zum Schloß des Königs und lebten da vergnügt miteinander.

Bald darauf kam die Nachricht, daß der Kaufmann unterwegs gestorben sei. Jetzt war die Frau Herrin im Haus und war zufrieden. Ihre Tochter aber lag ihr in den Ohren, wie sie doch betrogen wäre, denn sie hätte doch eigentlich den König heiraten sollen. Die Alte redete ihr zu und sprach: „Gedulde dich ein Weilchen, ich will dir schon zu deinem Glück verhelfen."

Eines Tages schickte der König zur Kaufmannswitwe und ließ ihr ausrichten: „Ich muß verreisen, und meine Frau erwartet ihr erstes Kind. Komme doch ins Schloß, und gib auf sie acht."

Als nun der König weit fort von zu Hause war, schrieb die Frau einen Brief, in dem stand: „Ach König, wie bist du doch betrogen. Deine Frau hat deinen liebsten Jagdhund geschlachtet und gegessen." Der König dachte: „Vielleicht sind das die Gelüste einer Schwangeren." Er schrieb zurück, man solle die Königin in Frieden lassen. Wieder schrieb die Frau einen Brief, in dem stand: „Ach König, wie bist du doch betrogen. Deine Frau ließ dein Lieblingspferd schlachten und verspeiste es." Der König dachte: „Das sind wohl die Gelüste einer Schwangeren" und schrieb, man solle die Königin nur in Ruhe lassen.

Da verzauberte die Frau den Bruder in ein Hündchen und schrieb dem König: „Jetzt hat deine Frau ihren eigenen Bruder aufgegessen." Zur Königin aber sagte sie: „Wenn du redest, schlachte ich das Hündchen." Der König aber reiste, so schnell er konnte, nach Hause und fragte die Königin, was sie zu sagen habe; sie schwieg aber still. Der König nahm sein Schwert, führte sie in den Wald und wollte sie töten. Sie weinte aber so bitterlich, daß der ganze Waldboden mit Perlen besät war, als wären Sterne vom Himmel gefallen. Da brachte der König es nicht übers Herz, sie zu töten. Er hackte ihr die Hände ab, verband ihr die Stümpfe und schickte sie in die Welt.

Lange irrte sie umher in der Wildnis, hatte nichts zu essen und zu trinken, aber Gott erhielt sie am Leben. Als nun ihre Stunde gekommen war, da gebar sie ein Knäblein, das hatte den silbernen Stern auf der linken, den goldenen Mond auf der rechten Schulter und die lichte Sonne auf der Brust. Sie konnte das Kind aber nicht aufnehmen, lag da und weinte.

Auf einmal trat ein Greis aus dem Gebüsch, weiße Kleider trug er, wie frischer Schnee glänzten sie. Auch sein Bart schimmerte wie frisch gefallener Schnee. Das war niemand andrer als der heiliger Großmärtyrer, der allbarmherzige Panteleimon. Er sagte: „Warum hebst du denn dein Kind nicht auf und legst es an die Brust?" Sie streckte ihm weinend ihre Stümpfe entgegen. „Väterchen", sagte sie, „ich kann nicht." Der Allbarmherzige zieht ein Gläschen aus der Tasche, bestreicht mit dem Inhalt die Armstümpfe – da wachsen ihr die Hände, als wären sie nie abgehackt gewesen. Nur ein feiner roter Streifen zieht sich wie ein zartes Reiflein ums Handgelenk. Jetzt konnte sie ihr Kindchen aufnehmen und an die Brust legen. Panteleimon führte sie zu einem Häuschen, da konnten sie wohnen.

Der König saß indessen in seinem Schloß, hatte an nichts mehr Freude und dachte Tag und Nacht an seine Frau und wie sie so glücklich gewesen waren und wie er jetzt so traurig war. Die Alte und ihre Tochter hätten ihn gern aufgeheitert und wünschten, er solle die arge Königin vergessen, aber er brachte es nicht übers Herz.

Einmal, als er sich so recht grämte, ging er in den Wald, da lief das Hündlein voraus und bellte, als wolle es ihn führen. Er ging ihm nach und kam zu einem Häuschen, darin hörte er singen. Er trat ein, da saß seine liebe Frau, hatte ihre Hände wieder und hielt einen Knaben auf dem Schoß, der war schön wie der helle Tag. Der König rief: „Und hast du deine Hände wieder, so bist du unschuldig."

Da lachte die Königin, daß im Zimmer die Rosen blühten, und erzählte ihm, was sich zugetragen hatte. Sie kehrten zurück ins Schloß, als sie aber nach der Frau und der Tochter suchten, waren beide verschwunden, und man hat nie wieder von ihnen gehört.

Eines Tages klopfte es an die Tür, da stand ein fremder Arzt draußen und fragte, ob sie alle gesund seien. Sie antworteten: „Ja, aber unser Bruder ist ein Hündchen, und niemand kann ihm helfen." Zieht der Arzt ein Büchslein heraus und bestreicht das Hündchen – da erhält es seine menschliche Gestalt wieder! Jetzt erkennen sie den heiligen Großmärtyrer, den allbarmherzigen Panteleimon. Sie wollen ihm danken, da ist er schon wieder verschwunden.

Sie aber lebten glücklich und in Frieden, und das sei auch uns beschieden!

VITUS

Das älteste Zeugnis über den jugendlichsten der Vierzehn Nothelfer, den Knaben Vitus aus Sizilien, findet sich im Martyrologium Hieronymianum aus Sizilien (um 450). Um 600 entstand in der Provinz Lucania die Passio sancti Viti. 836 wurden Gebeine nach Kloster Korvey gebracht, welche als die des Heiligen galten. Von dort erhielt Herzog Wenzeslaus von Böhmen (†929) einen Arm des Heiligen, dem zu Ehren er in Prag eine Kirche, den späteren Veitsdom, erbauen ließ. Zwischen dem 13. und dem 18. Jahrhundert wurden dem heiligen Veit mehr als 1300 Kirchen, Kapellen und Klöster geweiht.

Wieder begegnet uns in der Legende Diokletian, der Dalmatiner auf dem römischen Kaiserthron, und noch einmal klingt das Thema des besorgten Vaters an; diesmal ist Diokletians Sohn besessen. Ihn heilt Vitus, wie einst Cyriakus die Tochter. Der Kaiser aber, diesmal realitätsnäher als Herrscher, der die alten Kulte wiederbeleben will und durch harte Zwangsmaßnahmen den Zerfall aufzuhalten versucht, befiehlt Vitus, den Göttern zu opfern, und läßt ihn wegen seines Widerstands in den Kerker werfen. Veits

Vater selbst ist dann – getreu dem Bild des alten, düsteren Kon-
flikts – der ärgste Feind seines Sohnes. Er will nicht dulden, daß
dieser dem neuen Glauben anhängt. Vitus soll mit Schlägen gefü-
gig gemacht werden; mit Musik, Tanz und schönen Mädchen
wird ein Kontrastprogramm ausprobiert. Die Legende erzählt,
wie der Vater durchs Schlüsselloch späht und vom Glanz der sieben Engel, die sein Kind umstehen, erblindet. Unversöhnlich geht
die Geschichte weiter, die fragwürdige Ehre weiterer Martern
wird Vitus zuteil: er wird auf die Folter gespannt, den Löwen vor-
geworfen, in einen Kessel mit siedendem Pech getaucht zur grausigen Taufe. Endlich erbarmt sich der Erzähler: ein Engel trägt
den Knaben an ein liebliches Flußufer, hier stirbt er in Frieden.
Adler bewachen ihn, bis eine Frau ihn in Ehren bestattet.

Die Herzen der Gläubigen wandten sich dem märchenbunten
Heiligen zu. Wie üblich werden den Darstellungen die Attribute
beigegeben, um ihn kenntlich zu machen. Sie werden der Legende entnommen und wechseln je nach Regionen. Der Kessel
ist vor allem in Bayern und Württemberg zu finden. Löwe, Brot
und Knüttel sieht man gelegentlich, selten eine Ampel.

Der Hahn tritt erst im späten 15. Jahrhundert auf, er wird – außer in Norddeutschland – zu einem beliebten Merkmal. Seine
Herkunft wird auf verschiedene Weise gedeutet, am oberfläch-
lichsten wohl mit dem Aufenthalt Veits in einem Ort namens
Alectorius locus, Hahnenort. Es ist denkbar, daß die Adler, die
seinen Leichnam bewachten, irgendwann dargestellt und als
Hähne gedeutet wurden und die weitere Legendenbildung beein-
flußten. Der Hahn als Lichtbringer, Verkünder des neuen Tags ist

jedenfalls wie der Adler ein Sonnenvogel. Als Feuervogel und Vogel Phönix (Fenus, Finist) begegnen sie uns in manchen Märchen.

Vermutlich können wir dem Patron der Küfer und Kesselflicker nicht mehr viel abgewinnen. Lahme, Bettnässer, Blinde, Epileptiker brauchen modernere Hilfe. Doch vielleicht gelingt es übers Märchen, den alten Bildern so nachzuspüren, daß sie auch zu uns wieder sprechen.

Das Federlein vom Hahn des heiligen Veit

Es war einmal ein Mann, der hatte drei Töchter, von denen war die älteste schön, die zweite schöner, aber die jüngste war so schön, daß es das reinste Wunder war. Einmal ging der Mann in die goldene Stadt und fragte die Töchter: „Sagt, meine Lieben, was soll ich euch mitbringen?" Die Älteste wünschte sich ein schönes Seidentuch, die Mittlere eine seidene Schürze, die Jüngste aber sagte: „Väterchen, bring mir ein Federlein vom Hahn des heiligen Veit." Der Vater sagte: „Liebes Kind, das ist ein merkwürdiger Wunsch, ich weiß nicht, ob der zu erfüllen ist." Er ging, erledigte seine Geschäfte, und ehe er heimkehrte, kaufte er das Seidentuch und die seidene Schürze für die älteren Töchter.

Dann begann er, nach dem Federlein vom Hahn des heiligen Veit zu fragen. Aber die Leute schauten ihn an, als wäre er närrisch, und er mußte ohne das Federlein heimkehren. Die beiden Mädchen freuten sich sehr über die schönen Geschenke und verspotteten die Jüngste, weil sie leer ausging. Sie lachte aber und sagte: „War's diesmal nichts, wird's wohl ein andermal sein."

Es verging einige Zeit, da sprach der Vater: „Liebe Kinder, ich muß in die goldene Stadt. Was soll ich euch bringen?" Die Älteste wünschte sich eine Perlenkette, die Mittlere ein goldenes Ringlein mit einem Edelstein, die Jüngste sprach: „Väterchen, ich bitte dich, bring mir ein Federlein vom Hahn des heiligen Veit."

Der Vater ging in die Stadt, er ging seinen Geschäften nach, und ehe er heimkehrte, kaufte er eine Perlenkette, kaufte ein Ringlein und begann, nach dem Federlein zu fragen. Aber die Leute meinten, er wäre närrisch, und lachten ihn aus.

Also ging er heim, schenkte den beiden älteren Töchtern, was sie sich gewünscht hatten, und sagte zur Jüngsten: „Dir habe ich wieder nichts gebracht." Sie lachte aber und meinte: „War's diesmal nichts, wird's vielleicht das nächstemal was sein."

Nach einer Weile sprach der Vater wieder: „Ich muß in die goldene Stadt. Liebe Kinder, was soll ich euch bringen?" Da wünschte sich die Älteste ein Paar goldene Schuhe, die Mittlere eine gestickte Haube. Der Vater dachte: „Hoffentlich wünscht sich mein jüngstes Kind etwas, das ich im Laden kaufen kann." Aber als er sie fragte, antwortete sie: „Väterchen, ich bitte dich, bring mir ein Federlein vom Hahn des heiligen Veit."

Als der Vater alles besorgt hatte, auch die Geschenke für die älteren Mädchen, fragte er nochmals nach dem Federchen, aber niemand konnte ihm sagen, wo es das zu kaufen gäbe. Er war sehr betrübt, weil er seiner jüngsten Tochter nie ihren Wunsch erfüllen konnte. Wie er ganz traurig durch die Straßen der goldenen Stadt ging, kam er an einer Kirche vorbei, da stand an der Tür, daß sie dem heiligen Veit gehöre.

Der Mann ging um die Kirche herum und geriet in einen Hof,

in dem pickten die Hühner. Auf dem Zaun aber saß ein Hahn, der war ganz golden, glänzte in der Sonne und schaute um sich wie der König auf dem Thron. Der Mann trat näher, da tat der Hahn den Schnabel auf und redete: „Kommst du endlich? Ich weiß schon, was du willst." Er rupfte sich ein Federchen unter dem Flügel aus und gab es dem Mann. Der bedankte sich, lief voll Freude heim und brachte es seiner jüngsten Tochter. Sie drückte das Federchen an ihr Herz und sprang vor Freude im Zimmer herum. Die Schwestern aber lachten sie aus.

Am Abend sperrte die Jüngste die Türe zu, holte das Federchen hervor, schwenkte es einmal nach links: ein Mann stand vor ihr, ein Königssohn, schön wie der lichte Tag. Sie freuten sich, plauderten miteinander, sehr gut unterhielten sie sich. Die Schwestern hörten nebenan ein Raunen, ein Lachen, standen auf, gingen zur Schwester, drückten auf die Klinke – die Tür war verschlossen. „Schwester, wen hast du bei dir im Zimmer?" riefen sie. „Mach auf, oder wir holen den Vater." Das Mädchen schwenkte die Feder nach rechts: ein Hahn saß da, schüttelte das Gefieder und flog zum Fenster hinaus. Das Mädchen sperrte auf, die Schwestern traten ein, schauten unter das Bett, in den Schrank, hinter die Bank – da war niemand.

Am Abend holte sie wieder das Federchen hervor, schwenkte es einmal nach links: der Königssohn stand da, der schöne Held; sie plauderten, unterhielten sich vortrefflich. Die Schwestern hörten das Raunen, das Lachen, traten vor die Tür, drückten auf die Klinke. Die Tür war verschlossen.

Sie riefen: „Wen hast du da im Zimmer? Öffne, sonst rufen wir den Vater." Das Mädchen schwenkte das Federchen nach rechts – der Königssohn wurde zum Hahn, flog zum Fenster hinaus. Die Sonne ging auf, sie öffnete die Tür, überall suchten die Schwestern, fanden aber nichts.

In der dritten Nacht, als sie das Raunen, das Lachen hörten, holten sie den Vater. „Väterchen, deine Jüngste, dein Liebling, hat einen Mann im Zimmer." Der Vater polterte die Treppe hinauf, die Tür war offen, nichts sah er – der Hahn war längst fortgeflogen. „Kümmert euch lieber um eure Angelegenheiten, statt daß ihre eure Schwester verleumdet", sprach der Vater.

Am Sonntag ging der Vater mit den Töchtern zur Kirche. „Ich kann nicht mitkommen", sprach die Jüngste, „ich habe nichts anzuziehen." Die Schwestern sagten: „Nimm ein Kleid von den unsern." – „Die passen mir nicht", sprach das Mädchen. Die andern fuhren zur Kirche, sie blieb daheim. Sie schwenkte ihr Federchen nach links: Vor der Tür steht eine goldene Kutsche, vier Schimmel sind davorgespannt. Diener bringen ihr ein Kleid, das leuchtet wie die Sonne. In der Kutsche wartet der Königssohn, fährt mit ihr zur Kirche. Wie staunten alle über die Pracht!

Als die Schwestern heimkamen, saß sie schon wieder in der Stube. Sie sagten: „Wärst du doch dabei gewesen, du hättest die Schöne der Welt gesehen." – „War's diesmal nichts, wird's ein andermal sein", lachte das Mädchen.

Am andern Sonntag, als der Vater und die Schwestern aus dem Haus waren, schwenkte sie ihr Federchen nach links. Wieder kam die Kutsche, sie erhielt ein Kleid, das glänzte wie der Mond am Nachthimmel. Sie fuhren zur Kirche; doch noch ehe die andern die Kirche verließen, fuhren sie zurück. Das Mädchen schwenkte das Federchen nach rechts: die Kutsche, die Schimmel, der Königssohn, das Kleid – alles war verschwunden, als wäre es nie dagewesen. „Wie schade, daß du nicht dabei warst", sagten die Schwestern, „jetzt hast du die Schöne der Welt nicht gesehen." – „War's diesmal nichts, wird's ein andermal sein", lachte das Mädchen.

Am dritten Sonntag sagten die Schwestern: „Komm doch mit in die Kirche, wir geben dir ein Kleid." – „Eure Kleider passen mir nicht", sprach das Mädchen und blieb zu Haus.

Die andern gingen; der Vater aber sagte unterwegs: „Ich muß noch einmal zurück, ich habe mein Taschentuch vergessen." Er kehrte um, da sieht er: vor dem Haus steht eine goldene Kutsche, vier Schimmel sind vorgespannt, ein Königssohn sitzt darin, licht wie der junge Tag. Aus dem Haus tritt die Tochter, sie trägt ein Kleid, auf dem sieht man den ganzen Sternenhimmel. Jetzt kann sie sich nicht länger verbergen. Der Vater muß sich in die Kutsche setzen, sie fahren zur Kirche, halten Hochzeit. Sie lebten in Eintracht und Liebe und verließen einander nie.

BARBARA

Sie wird uns in der Legende vorgestellt als Tochter eines vornehmen Mannes aus Nikomedien in Kleinasien, die 306 während der Christenverfolgung unter Maximian als Märtyrerin starb. Legende und Verehrung entfalteten sich in einer Zeit, die fasziniert war vom Tod, gebannt vom Betrachten der Todesstunde, gepeinigt vom Grauen vor der Verwesung. Die Lust des Mittelalters an der Darstellung von Torturen und gewaltsamem Tod wird genährt durch die Überzeugung, daß ein schreckliches Ende um des Glaubens willen ewiges Leben, unvergängliche Schönheit, ewige Seligkeit verbürgt. An den durch die Märtyrer bei ihrem Sterben gewonnenen Gnaden kann man teilhaben durch Verehrung. Das Gebet, das Barbara, ähnlich wie allen Nothelfern, in den Mund gelegt wird, verheißt dies: Vor ihrem dramatischen Ende bittet sie Gott, um ihretwillen den Sündern im Gericht gnädig zu sein.

Auf einer Miniatur aus der ersten Hälfte des 12. Jahrhunderts im Zwiefaltener Passionale (Landesbibliothek Stuttgart) ist eine der frühesten Darstellungen ihres Martyriums. Nach der Aufnahme in die Nothelfergruppe entsteht eine Fülle von Bildnissen, die ihre große Beliebtheit bezeugen. Schwert, Krone und Palme kennzeichnen sie ab dem 14. Jahrhundert wie viele andere Heilige als Märtyrerin. Der Turm aber ist ihr besonderes Attribut. Er vor allem erinnert an die Legende: Der Vater – zunächst einfach der Typus der unzähligen Patriarchen, die bis heute in zahlreichen Märchen lebendig sind – schließt sie um ihrer großen Schönheit willen darin ein. Der Turm ist wohnlich, selbst ein Bad wird eingebaut – für das Mittelalter eine beachtliche Vorstellung, die sich wahrscheinlich an den Thermen orientierte. Die Schönheit soll nicht zerstört, nur verborgen werden.

Erst als die Tochter statt der vorgesehenen zwei Fenster drei zu Ehren der Trinität einbauen läßt, kommt auf, daß sie Christin ist. Origenes selbst habe sie getauft, wird erzählt. Jetzt kehrt der Vater den grausamen Tyrannen heraus, übergibt sie dem Präfekten, der sie vergeblich durch Martern zwingen will, vom neuen Glauben abzulassen. Der Weg der jungen Frau in die Unabhängigkeit führt in den Tod; der Vater selbst schlägt ihr das Haupt ab – und wird sofort vom Blitz getroffen.

Mag sich hier auch die Frage stellen, wie ähnlich der neue Gott dem alten Zeus ist, ist es doch auch eine Geschichte der Loslösung. Die wird immer wieder dargestellt werden auf der Bühne menschlicher Konflikte. Der Turm ist das älteste Attribut Barbaras; älter ist die Geschichte so mancher Beziehung, die erfüllt ist von staunender Zärtlichkeit und oft erschreckender Liebe, die sich verkehren kann in Besitzgier, die zerstört, was sie schützen wollte.

In der Barbaralegende wird das Problem dargestellt im Bild der Vater-Tochter-Beziehung. Welche Furcht befällt den Vater, wenn die Tochter heranwächst? Die vor Alter und Tod? Vor dem Verlust der Macht, die mit der Tochter einem andern übergeben wird? Vor dunklen Gewalten im eigenen Innern?

Die Legende erinnert an die Doppelbödigkeit dieser wie jeder tiefen Beziehung. Die dunklen Mythen (z. B. die vom „unterirdischen Zeus", dem späteren Hades, und seiner Tochter Persephone), die grausamen Legenden wandeln sich in zahlreichen Märchen zum heiteren Spiel. Auch in ihnen wird der Turm noch gebaut, die Tochter eingeschlossen, der drohende Ton angeschlagen. Manchmal gelingt die Befreiung nur teilweise; oft aber bringt sie die Möglichkeit zum Eingehen einer neuen, furchtlosen Beziehung, die hoffen läßt.

Im Volk lebt die Geschichte Barbaras längst und läßt sie zu einer der beliebtesten Gestalten der Nothelfer werden. Patronate werden der Heiligen zugeteilt, u. a. von Bau- und Bergleuten, von Soldaten, Totengräbern, der Feuerwehr. Alpenländisches Brauchtum (Barbarabrot) verbindet sich mit ihrer Person, rückt sie in die Nähe des heiligen Nikolaus. Als liebliche Jungfrau zeigen sie Statuen und Gemälde, modisch gekleidet, heiteren Angesichts: eine Märchengestalt, Schönste der Welt. Noch heute lassen wir Zweige erblühen mitten im Winter, wenn wir sie am 4. Dezember, dem Barbaratag, ins Zimmer stellen. Die Leiden sind vergessen, nur die beigegebenen Attribute erinnern daran, doch sie sind goldenes Spielwerk.

Die Tochter des Helios

Ein König und eine Königin lebten schon lange miteinander und hatten noch immer kein Kind, obwohl sie es sich doch so sehr wünschten. Eines Nachts klopfte es ans Fenster, und jemand sprach: „Königin, mach mir auf." Die Königin stand auf und öffnete das Fenster. Sie erblickte eine schöne Frau, das war die heilige Barbara. Die reichte ihr ein kleines, rundes Brot und sprach: „Iß das Brot, wenn du ein Kind willst." Die Königin nahm das Brot, die Frau verschwand.

Nach einiger Zeit merkte die Königin, daß sie guter Hoffnung war. Als die Zeit kam, gebar sie ein schönes Mägdlein. Aber es dauerte nicht lange, da starb die Königin. Jetzt wandte der König seine ganze Liebe der Tochter zu und hütete sie wie seinen Augapfel. Das Mädchen war auch so schön und gut, daß es eine Freude war, und als sie vierzehn Jahre zählte, da meinte man, im ganzen Reich könne man nichts Schöneres finden. Da wollte der König nicht, daß ein Mann sie sähe, ließ einen Turm bauen ohne Tür, ohne Fenster, nur mit einer winzigen Luke ganz oben, durch die konnte sie gerade einen Korb herunterlassen, den füllte der

König mit Speise, und dann konnte sie ihn wieder zu sich herauf-
ziehen.

Eines Tages aber zog der Herr Helios, der Sonnenball, am Himmel dahin, sah das schöne Königskind und verliebte sich. Er
sandte einen Sonnenstrahl durch die Luke, und noch ehe ein Jahr
um war, gebar sie ein kleines Mädchen, das war noch viel schöner
als die Mutter. Weil sie aber nicht wollte, daß das Kind im Turm
aufwüchse, nahm sie statt einer Windel ein paar Salatblätter, wik-
kelte das Kindchen hinein, legte es in den Korb und ließ es durch
die Luke hinunter.

Zufällig ritt gerade an diesem Tag ein fremder Königssohn am
Turm vorbei, sah das Körbchen, schaute hinein und erblickte das
schöne Kind. Er wurde von Mitleid erfüllt, hob es auf und brachte
es seiner Mutter. „Sieh doch, liebe Mutter", sprach er. „Welch
arge Mutter hat das schöne Kindchen einfach ausgesetzt. Ich bitte
dich, sorge dafür." Und weil er es in Salatblätter eingewickelt gefunden hatte, nannte er es Maruli.

Maruli wuchs heran und wurde mit jedem Tag schöner, und als
sie vierzehn Jahre alt war, da war sie so schön, daß ihr niemand
gram sein konnte. Der Prinz aber verliebte sich aufs heftigste in
sie, ging zu ihr und fragte: „Maruli, wer ist dein Vater?" Sie antwortete:

„Wer wird es schon sein?
Der alte Ziegenbock allein."

Der Königssohn fragte weiter: „Maruli, willst du mich heiraten?"
Maruli drehte sich um sich selbst und sagte: „Dich nicht und

keinen." Der Königssohn fragte: „Warum denn nicht?" – „Weil ich nicht will", antwortete Maruli und hüpfte zur Tür hinaus.

Der Königssohn ging zu seiner Mutter und sagte: „Liebe Mutter, die Maruli will nicht heiraten, mich nicht und keinen. Auch sagt sie, der alte Ziegenbock sei ihr Vater. Was soll ich tun?" Die Mutter antwortete. „Nun, wenn sie nicht will, dann kannst du sie nicht zwingen. Frage sie in einem Monat wieder, vielleicht will sie dann."

Der Königssohn wartete einen Monat, wurde dabei ganz bleich und mager. Wieder ging er zu Maruli und fragte. „Maruli, willst du mich heiraten?" Und wieder antwortete sie. „Dich nicht und keinen." Er fragte weiter: „Wer ist dein Vater?" Denn er hätte gern Marulis Vater gebeten, ihm seine Tochter zur Frau zu geben. Maruli aber antwortete:

„Wer soll es wohl sein?
Der Hahn auf dem Mist allein."

Der Königssohn klagte seiner Mutter sein Leid. Sie dachte: „Ich will Maruli ein Haus bauen, daß sie ihm nicht immer vor die Augen kommt." Maruli erhielt ein schönes Haus gegenüber dem Schloß, aber der Königssohn ging jeden Tag hinüber, fragte jeden Tag das gleiche und erhielt nie eine bessere Antwort. Er wurde dabei immer bleicher und dünner, und eines Tages sprach die Mutter: „Heirate eine andere – eine andere Mutter hat auch ein schönes Kind." Er dachte: „Maruli will mich doch nicht, also tu ich, was die Mutter sagt."

Eine Braut kam ins Schloß, die Hochzeit wurde gefeiert mit

großer Pracht. Aber der Königssohn saß an der Tafel, aß nicht, trank nicht, lachte nicht. Die Braut fragte: „Was fehlt dir, lieber Schatz?" Er antwortete: „Mein Schwesterchen, Maruli – schön wie der lichte Tag ist sie –, will nicht auf meiner Hochzeit tanzen." Die Braut sagte: „Wir wollen ihr eine goldene Schüssel voll Marzipan schicken, dann kommt sie und tanzt." Sie riefen einen Diener, schickten ihm zu Maruli mit einer goldenen Schüssel voll Marzipan. Maruli nahm die Schüssel, leerte sie aus, hieß den Diener ein wenig warten. Sie geht in die Küche, befiehlt: „Brenn, Feuer, im Herd." Das Feuer brennt, Maruli zieht die Schuhe aus. Der Diener schaut durch die Tür, er sieht: Maruli hält ihre weißen Füße in die Flammen, wartet ein wenig, zieht sie wieder heraus – die Füße glänzen wie Gold! Sie macht ein paar Schrittlein, da wachsen zwei goldene Blumen unter ihren Füßen. Die gibt sie dem Diener und spricht: „Bring sie dem Bräutigam von seinem Schwesterchen."

Der Diener lief zum Schloß, er war ganz außer Atem, als er ankam. Der Königssohn fragte: „Was ist geschehen?" Der Diener reichte ihm die Blumen und erzählte, was er gesehen hatte. Die Braut sagte: „Das wird schon ein Kunststück sein! Ich könnte drei goldene Blumen schreiten!" Er sprach: „Nun, so zeige uns deine Künste." Sie gingen in die Küche, sie befahl dem Feuer zu brennen, doch es brannte nicht, der Koch mußte es anzünden. Sie hielt die Füße ins Feuer und verbrannte sie so, daß sie dran starb.

Der Königssohn ging zu Maruli. „Maruli, warum hast du meine Braut getötet?" fragte er. „Ich, ich habe sie nicht getötet, ihr Leichtsinn hat sie ums Leben gebracht", antwortete Maruli. „Willst du mich heiraten?" fragte er. „Dich nicht und einen andern nicht", sagt Maruli und dreht sich im Kreis. „Sag mir doch, wer dein Vater ist", bittet der Königssohn.

„Wer soll wohl mein Vater sein?
Der alte Schafbock ganz allein."

Der Königssohn ging zu seiner Mutter, weinte und beklagte sich. Sie riet ihm, eine neue Braut kommen zu lassen und er gehorchte. Als sie an der Hochzeitstafel saßen, aß er nicht, trank nicht, lachte nicht. Die Braut fragte: „Was fehlt dir, mein lieber Schatz?" Er antwortete: „Mein Schwesterchen Maruli – schön ist sie wie der lichte Tag – will nicht auf meiner Hochzeit tanzen." – „Warum will sie denn nicht tanzen?" – „Ich habe sie gekränkt", antwortete er, und sie sprach: „Wir lassen ihr eine goldene Schüssel voll Marzipan bringen, dann kommt sie und tanzt auf der Hochzeit."

Sie sandten den Diener zu ihr mit der Schüssel voll Marzipan. Sie leerte die Schüssel und sprach: „Warte ein wenig, bis ich ein Geschenk bereitet habe." Sie geht in die Küche, ruft das Feuer, schlüpft in den Ofen, bleibt ein Weilchen drin, schlüpft wieder heraus. Da ist sie noch viel schöner. Sie nimmt einen Kamm, kämmt sich Diamanten aus dem Haar, man meint, die Sterne wären vom Himmel gefallen. „Bring dies dem König, es ist das Hochzeitsgeschenk", sagt sie zum Diener.

Der Diener kam ganz außer sich im Schloß an und erzählte, was er gesehen hatte. Als die Gäste die Diamanten in der goldenen Schüssel sahen, staunten sie. Die Braut aber sprach: „Solche Kunststücklein kennt bei mir zu Haus jedes Kind." Aber als sie es zeigen sollte, brannte das Feuer nicht auf ihr Geheiß, und als der

Koch es entzündet hatte und sie in den Ofen kroch, kam sie als Kohle wieder heraus.

Der Königssohn ging zu Maruli und beklagte sich bitterlich. Es half aber alles nichts, und die Mutter riet ihm, noch eine Braut zu holen.

Auch diesmal war es nicht anders. Er saß mißmutig an der Hochzeitstafel, und endlich sagte die Braut, man solle der Maruli Marzipan bringen, daß sie käme und tanze. Als der Diener zu Maruli kam, bat sie ihn, mit ihr in den Garten zu kommen. Sie nahm die Schüssel mit in den Garten, hielt sie zur Sonne empor und rief: „Sonne, fülle die Schüssel." Wie Feuer fallen die Sonnenstrahlen vom Himmel, daß der Diener die Augen schließen muß. Als er sie wieder öffnen kann, liegt in der Schüssel ein goldenes Ei, das ist besetzt mit Karfunkelsteinen. Behutsam dreht Maruli die Schüssel, das Eilein rollt hin und her, es liegen zwei Eilein drin, drei, vier – bis die Schüssel voll ist. „Geh", sagt Maruli, „bring die Schüssel dem König als Hochzeitsgabe."

Die Gäste konnten sich nicht satt sehen, aber die Braut sagte: „Ach, das wird schon eine Kunst sein", nahm die Schüssel, ging in den Garten und befahl der Sonne, die Schüssel zu füllen. Ein Blitz fuhr vom Himmel und traf sie. Der König sagte zu seiner Mutter: „Was soll ich tun? Maruli will mich nicht, und ich kann doch nicht dauernd heiraten und Bräute verbrennen lassen." Die Mutter antwortete: „Jetzt weiß ich keinen Rat mehr, du mußt dir schon selber helfen. Vielleicht solltest du doch herausfinden, wer Marulis Vater ist."

Der Königssohn wußte aber nicht, wie er das herausfinden

sollte. Eines Tages ging er in seinem Kummer vor die Stadt hinaus und spazierte über das freie Feld. Von ungefähr kam er zu einer kleinen Kapelle, die neben einer alten Linde stand. Darin sah er ein Bildnis der heiligen Barbara, das glich Maruli so sehr, daß er zu weinen anfing. Auf einmal hörte er eine feine Stimme, die flüsterte ihm ins Ohr:

> „Herr Helios ganz allein
> wird wohl Marulis Vater sein."

Er meinte zuerst, er habe geträumt, aber noch einmal flüsterte die Stimme in sein Ohr:

> „Herr Helios ganz allein
> wird wohl Marulis Vater sein."

Wieder glaubte er, er träume am hellichten Tag, aber noch einmal hörte er die Stimme. Da lief er, so schnell er konnte, zu Maruli und sagte: „Du bist die Tochter des Herrn Helios, des goldenen Sonnenballs, und sollst meine liebe Frau werden." Jetzt lachte Maruli, fiel ihm um den Hals und küßte ihn. Da heirateten sie und lebten voll Freude miteinander.

KATHARINA

Es ist denkbar, daß ihr historisches Vorbild jene edle Philosophin Hypatia von Alexandria war, die im Jahr 415 von fanatischen ägyptischen Mönchen gelyncht wurde. Ihr Lehrer, Bischof Synesius, bezeichnet sie in einer Epistel als „Mutter, Schwester, Lehrerin und Wohltäterin" (Mircea Eliade).

Katharinas Kult kam zur Zeit des Bilderstreits mit geflüchteten Anhängern der Bilderverehrung nach Rom. 1948 entdeckte man dort ein Fresko mit der Schrift „S. Ecaterina" aus dem 8. Jahrhundert.

Die erste Passio war bereits im 6. Jahrhundert im Orient entstanden und wurde dann ins Lateinische und in einige Volkssprachen übersetzt.

In Katharina, der späteren Patronin der Universität Paris, begegnet uns ein Urbild der vielen ebenso schönen wie klugen Rätselprinzessinnen der Märchen, die von der alten männlichen Furcht vor den Frauen erzählen, von denen Cato sagt, sie seien den Männern überlegen, sobald sie ihnen gleichgestellt wären. Da hilft nur die oft mit böser Gewalt erreichte Unterwerfung.

In der Legende vermag die Königstochter den vielfältigen Nachstellungen Kaiser Maximians nur durch den Tod zu entrinnen. Daß er erst nach vielerlei vergeblichen Martern durch das ritterlich ehrenvolle Schwert vollzogen werden kann, zeugt von ihrer hohen Wertschätzung. Außer den vielfältigen Leiden beschreibt Jacobus de Voragine ausführlich die „Weltweisheit" der schönen Jungfrau. Sogar Plato läßt er sie zitieren und die Gelehrten des Kaisers, die zum Disput mit ihr antreten, müssen schließlich eingestehen, aus ihr spräche der Geist Gottes. Sie bekehren sich und werden deshalb hingerichtet.

Immer mehr empfindet der Kaiser Katharinas Überlegenheit als Ärgernis. Endlich fällt ihm eine Lösung ein: Er will sie heiraten und als Göttin verehren lassen. Gewiß hält er den Antrag für unwiderstehlich; doch die emanzipierte Katharina ist nicht zu zähmen. Sie zieht Folter und Tod einer unerträglichen Verbindung vor, nachdem sie zuvor noch die Kaiserin und den Gefängniswärter und Freund des Kaisers bekehrt hat. Christus, der sie „Geliebte und Braut", den sie „Bräutigam" nennt, erscheint als Symbol der Freiheit.

Außer mit Krone und Schwert der Märtyrerin wird Katharina von Alexandria stets mit dem (von Engeln während des Martyriums zerbrochenen) Rad dargestellt.

Mit diesem Attribut führt sie uns zurück zu den Schicksalsfrauen, den Spinnerinnen des Lebensfadens. Mächtige weibliche Gottheiten, Zauberinnen, deren Einschätzung vom allmählichen Wandel des Matriarchats zum Patriarchat reden.

Die Legende und ihr verwandte Märchen machen uns nachdenklich; sie lassen uns nach den Gründen fragen über diesen Wandel in der Entwicklung der schwierigen und doch so kostbaren und bezaubernden Beziehung zwischen Mann und Frau. Indem wir den Spuren von Ängsten und Vorurteilen nachgehen, finden wir vielleicht eine neue Form der Gerechtigkeit, die Partnerschaft möglich macht, weil sie jedem Entwicklung und Entfaltung zugesteht.

Die kluge Katharina

Es waren einmal zwei Bauern, ein reicher und ein armer, die kamen wegen eines Streits um einen Acker vor den König und baten ihn, Recht zu sprechen. Weil keiner nachweisen konnte, daß ihm der Acker gehöre, sagte der König: „Ich will euch bis morgen ein Rätsel aufgeben, und wer es löst, dem soll der Acker gehören. Ihr sollt mir sagen, was das Schönste, das Stärkste und das Reichste ist."

Die beiden machten sich auf den Heimweg, und der Reiche freute sich schon, weil er dachte, er habe das Rätsel bereits gelöst. „Das Schönste ist meine junge Frau, das Stärkste sind meine Ochsen, und das Reichste, das bin ich selbst."

Der Arme war traurig, denn so sehr er auch grübelte, es wollte ihm nichts einfallen. Als er heimkam, saß seine Tochter Katharina am Spinnrad. Sie sah, daß er betrübt war, und fragte, ob denn der reiche Nachbar den Acker bekommen habe? „Noch nicht", antwortete ihr Vater, „aber es ist so gut, als hätte er ihn schon." Und er erzählte ihr, was der König ihnen aufgegeben hätte und wie er sich keinen Rat wüßte.

Katharina aber lachte und sprach: „Lieber Vater, etwas Leichteres hätte der König gar nicht fragen können. Das Schönste ist der Frühling, das Stärkste ist der Erdboden und das Reichste ist der Herbst."

Jetzt fiel dem Vater ein Stein vom Herzen und am anderen Tag trat er ganz vergnügt vor den König. Der Reiche war auch schon da, ließ den Armen nicht zu Wort kommen und sagte: „Herr König, der Acker ist mein, denn ich habe das Rätsel gelöst. Das Schönste ist meine junge Frau, das Stärkste sind meine Ochsen und das Reichste, das bin ich selbst."

Jetzt wurde es dem Armen doch angst, er dachte: „Vielleicht hat er recht." Weil ihm aber nichts Besseres einfiel, sagte er: „Ich meine, das Schönste ist der Frühling, das Stärkste der Erdboden, und das Reichste ist der Herbst." Der König sprach: „Du hast das Rätsel gelöst, der Acker gehört dir." Da mußte der Reiche beschämt und mit leeren Händen heimkehren. Der König aber hielt den Armen zurück und fragte: „Nun verrate mir doch, ob du selbst das Rätsel gelöst hast!" Der Bauer antwortete: „Herr König, ich hab's nicht gewußt, aber meine Tochter." Sprach der König: „Wenn deine Tochter so schön ist wie klug, dann will ich sie heiraten. Sie muß aber eine Aufgabe erfüllen. Sie soll zu mir kommen nicht zu Fuß, nicht auf dem Wagen und nicht auf der staubigen Straße; nicht bekleidet und nicht nackt, nicht bei Tag und nicht bei Nacht."

Der Bauer ging heim und berichtete seiner Tochter, was der König ihm aufgetragen hatte. Da nahm sich Katharina ein Brett, wickelte sich in ein Fischernetz und wartete die Dämmerung ab.

Dann fuhr sie den Bach abwärts. Der Bach aber führte direkt durch die königliche Küche, da schwammen die schönsten Fische darin, und der Koch konnte sie frisch aus dem Wasser holen. Als er Katharina anreisen sah, da staunte er und sagte: „Jetzt kommen die Fische schon im Netz angeschwommen." Er holte sie aus dem Wasser und trug sie, wie sie war, zum König, damit der den wunderbaren Fang selbst anschauen konnte.

Der König mußte herzlich lachen, und als er sah, wie schön Katharina zu all ihrer Klugheit war, zögerte er nicht lange, und eine fröhliche Hochzeit wurde gefeiert.

Eine Weile lebten sie vergnügt miteinander. Aber die Armen begannen, sich in allem an die neue Königin zu wenden, und sie half ihnen, wo sie nur konnte, mit gutem Rat und guter Tat. Das ärgerte die königlichen Diener, die sich sonst reichlich hatten bezahlen lassen, ehe sie jemand überhaupt ins Schloß ließen. Sie gingen zum König und sagten: „Man merkt doch, daß die Königin nur eine armselige Bauerndirne war, sonst würde sie sich nicht mit all dem Gesindel einlassen."

Im Herzen des Königs aber war allmählich der Neid eingezogen, weil Katharina vom Volk mehr geliebt wurde als er selbst um ihrer Klugheit und Güte willen. Er verbot ihr deshalb, sich in seine Geschäfte zu mischen, es erginge ihr sonst übel. Ein Weilchen gehorchte sie. Eines Tages aber kam eine arme Witwe vor den König und bat ihn, Recht zu sprechen. Ihre weiße Ziege hatte ein weißes Zicklein geboren und der reichen Nachbarin hatte eine schwarze Ziege ein schwarzes geboren. Das schwarze Zicklein aber war gestorben, und die Nachbarin war nachts in das Ställchen der Witwe geschlichen, hatte das weiße Zicklein geholt und das tote schwarze an seine Stelle gelegt.

Da wollte der König Katharina prüfen und sprach der Reichen das Zicklein der Armen zu. Katharina schwieg still; doch am andern Tag kam sie mit einem kohlschwarzen Kleid zum König. „Ei, Katharina", fragte er, „um wen trauerst du denn, daß du ein schwarzes Gewand trägst?" Katharina schaute ihn verwundert an und antwortete: „Lieber Gemahl, ihr seht heut wohl schlecht. Mein Kleid ist doch schneeweiß."

Der König wurde rot vor Zorn und befahl ihr, sofort ein anderes Kleid anzuziehen. Katharina gehorchte, aber am anderen Tag erschien sie wieder ganz schwarz gekleidet. Der König fragte: „Nun, Katharina, um wen trauerst du wohl?" Er schaute sie dabei ganz finster an. Katharina aber antwortete: „Ich trauere um die Gerechtigkeit."

Da rief der König: „Jetzt mußt du aus dem Haus! Magst du auch klug sein, Katharina, du warst nicht klug genug, dir dein Glück zu erhalten. Damit du aber siehst, daß ich ein gnädiger König bin, magst du in einem Sack mitnehmen, was du zum Leben brauchst."

Katharina war zufrieden und bat den König, noch mit ihr zu Abend zu essen. Der König willigte ein. Die Königin ging aber zum Koch und bat ihn, einen besonders schönen Fisch zuzubereiten. Als er aufgetragen wurde, seufzte der König und sprach: „Ach Katharina, wärst du doch so stumm geblieben wie dieser Fisch und hättest dich nicht immer in meine Geschäfte gemischt." Er wurde ganz schwermütig und trank ein Glas Wein nach dem andern, sie aber hatte ihm ein Schlafmittelchen hineingetan, und es dauerte nicht lange, da schlief der König so fest, daß ihn nichts mehr wecken konnte. Katharina nahm nun den Sack, stülpte ihn über den König, band den Sack zu, lud ihn auf ein Wägelchen, verließ das Schloß und ging nach Hause zu ihrem Vater. Da legte sie den König in ihr Bett, holte ihr altes Spinnrad herbei, setzte sich neben das Bett, drehte ihr Fädlein und verstand noch so gut zu spinnen wie eh und je. Als der König erwachte, waren ihm die Augen noch so schwer, daß er sie nicht öffnen wollte. Er hörte aber das Schnurren des Spinnrads, verwunderte sich und schaute nun doch, wo er wäre. Da lag er in einem fremden Bett, daneben aber saß seine Frau und spann. „Wie bin ich hierhergekommen?" fragte der König. „Im Sack", antwortete Katharina. „Du hast mir doch erlaubt, darin mitzunehmen, was ich zum Leben brauche. Ich habe dich aber so lieb, daß ich nur dich brauche, ob ich nun im Schloß oder in meines Vaters Hütte bin." Jetzt mußte der König lachen, schämte sich wegen des Neids auf seine kluge Frau und sprach: „Durch die Küche bist du in mein Schloß gekommen, in einem Sack habe ich es verlassen. Jetzt wollen wir beide durch das Tor darin einziehen." Der Vater Katharinas mußte laufen, Kutsche und Pferde holen, und alle fuhren zum Schloß, feierten und waren glücklich.

Danach regierten der König und die Königin gemeinsam, und in ihrem Reich herrschte Frieden.

Und die arme Frau? Die erhielt vom König zwei Ziegen und war vergnügt. Ich hoffe, ihr seid es auch!

MARGARETA

Die Legende teilt sie den Märtyrern der Diokletianischen Verfolgung zu, gibt ihr einen heidnischen Priester als Vater, der sie verstößt, läßt sie im Kerker mit dem Teufel in Gestalt eines Drachen kämpfen; sie wird mit Fackeln gebrannt und in ein Gefäß mit Wasser geworfen – unversehrt geht sie daraus hervor. Schließlich wird sie, wie Barbara und Katharina, enthauptet. Darstellungen aus dem 13.–15. Jahrhundert zeigen sie in langem, gegürtetem Kleid, offenem Mantel oder Umhang. Später paßt sich der Schnitt der Barockmode an.

Am bekanntesten dürfte sie wohl von Carpaccios Gemälden in der Scuola di San Giorgio degli Schiavoni (gemalt zwischen 1501 u. 1511) in Venedig sein. Die Verbindung Georgs und Margaretas geht auf byzantinische Traditionen zurück. Ikonen zeigen die königlichen Eltern, die aus dem Schloßfenster schauen, den Helden, der mit dem Drachen kämpft, die liebliche Jungfrau im Gebet für ihren Erretter. Gelegentlich sieht man sie, wie sie den Drachen am goldenen Band führt – eine weiblich-hintergründige Darstellung.

Jacobus de Voragine erzählt die Legende eher nüchtern, nimmt sie zur Auslegung des Kampfs zwischen Gut und Böse, in dem sich Frau und Drache in ewiger Feindschaft gegenüberstehen. Die tiefere Symbolsprache wird nicht mehr verstanden. Allerdings sind in Margaretas Patronaten – sie gilt als Fürsprecherin und Helferin der Ammen, der Gebärenden, der Fruchtbarkeit – alte Wandlungsmysterien verborgen. Schon ihr Name – „Perle" – deutet darauf hin. Die Perle ist ein weibliches Unsterblichkeitssymbol ebenso wie die Flamme.

Während im Patriarchat die ursprüngliche Einheit von Geist und Seele reißt und dem Geist allein die Herrschaft zugesprochen wird, deuten ältere Bilder einen anderen Weg als den der Feindschaft an. Es ist der Weg der Wandlung, nicht der Zerstörung. Auch das Patriarchat ist als Stufe der Loslösung in das Mysterium mit einbezogen. Während der Wissensstand im Matriarchat die Mutter als Lebenspendende sieht, führt die allmähliche Änderung der Erkenntnis durch den forschenden Verstand zum Glauben an den allein Leben schaffenden Mann.

Seit das Zusammenwirken von Ei und Samen erforscht ist (1827!), öffnen sich langsam neue Möglichkeiten in der Beziehung der Geschlechter. Daß dies wie jede einschneidende Änderung nicht ohne Kampf geht, muß uns nicht abhalten, auf Partnerschaft zu hoffen. Im Reigen der Vierzehn sehen wir nur drei Frauen. Doch die Dreizahl ist eindrucksvoll. Wenn wir bei der Elf nicht nur an eine Fußballmannschaft denken, so ist es z. B. die Zahl der Apostel ohne den Verräter. Bei den Aposteln wird er durch Matthias ersetzt. Zu den elf Nothelfern gesellt sich die weibliche Triade. Schönheit und Güte, Klugheit und Stärke als Eigenschaften, die wir gedankenlos nach Geschlechtern getrennt verteilen, finden sich bei allen Vierzehn und machen sie zu der tröstlichen Schar der Helfer in allen Nöten.

Die Schlangenbraut

In den alten Zeiten, als noch Wunder geschahen, lebte einmal ein König, der war des Regierens müde. Er sagte zu seinen drei Söhnen: „Einer von euch soll das Reich erhalten – doch wem soll ich es geben? Soll der regieren, der die beste Frau heiratet. Sucht euch also eine Braut und als Probe ihrer Geschicklichkeit soll jede ein Hemd nähen. Wer das schönste Hemd bringt, wird mein Nachfolger."

Sie gingen in den Stall, die beiden älteren sattelten ihre Pferde und ritten davon. Sie ritten nicht weit, denn sie wußten ein Wirtshaus in der Nähe. Dort kehrten sie ein und baten die Wirtstöchter, ihnen zwei Hemden zu nähen, während sie zechten. Die beiden Mädchen willigten ein und nähten ihnen zwei feste, derbe Hemden, wie sie die Roßknechte tragen.

Dem Jüngsten hatte der Vater aber kein Pferd gegeben, weil er meinte, er sei zu ungeschickt zum Reiten und würde sich den Hals brechen. „Ach", dachte er, „warum soll ich auch fortreiten, mich nimmt doch keine." Er ging in seine Kammer, legte sich aufs Bett und schlief ein.

Da träumte er, daß eine schöne Dame zu ihm ins Zimmer trat, die trug eine Krone auf dem Haupt und führte einen großen, grünen Wurm an einem goldenen Band. Sie sprach: „Wenn du mir versprichst, meine Tochter hier zu heiraten, will ich dir helfen." Der Junge versprach es, und die Frau verschwand mit dem Wurm.

Als er erwachte, lag da ein Hemd, das war so fein und weiß, als wäre es aus Mondstrahlen gesponnen. Da verwunderte er sich sehr.

Indessen kamen die Brüder mit ihren Hemden zurück. Der König schaute sie an, schüttelte den Kopf, sagte aber nichts. Da trat der Jüngste herein und brachte sein Hemd, und alle staunten und sagten, so etwas habe man noch nie gesehen. Sie wunderten sich und fragten, wie er zu dem Hemd gekommen sei, er wäre ja gar nicht fortgewesen.

Die Brüder wollten die Probe nicht gelten lassen und verlangten, der Vater solle eine andere Aufgabe stellen. Da wünschte der König, daß sie ihm einen Mantel brächten, und versprach dem die Krone, der den besten herbeischaffen könne.

Die Brüder gingen wieder ins Wirtshaus, zechten und sagten, die Wirtstöchter sollten ihnen zwei Mäntel nähen. Sie brachten ihnen zwei derbe Kittel, wie sie die Roßknechte bei Regen tragen. Die Brüder waren zufrieden und ritten damit ins Schloß.

Der Jüngste ging wieder in seine Kammer, legte sich traurig auf sein Bett und schlief ein. Da erschien ihm wieder die schöne Frau mit dem grünen Wurm am Goldband und sprach: „Wenn du meine Tochter hier heiratest, gebe ich dir, was du brauchst." Er sagte es zu, und die Frau verschwand mit dem Wurm.

Als er erwachte, lag auf seinem Bett ein Mantel, der war aus Seide und glänzte wie die Sonne. Vögel waren in den Mantel gewebt – man konnte sie singen hören. So etwas hatte die Welt noch nicht gesehen! Die Brüder aber wollten es nicht gelten lassen, sagten, das sei Zauberei, vielleicht wäre irgendwo im Schloß ein altes Weib versteckt, das solche Künste wisse.

Der König sprach: „So sollt ihr mir diesmal ein Schwert bringen. Dann werde ich entscheiden, wer die Krone erhält." Die Brüder nahmen wieder den gewohnten Weg. Da hingen an der Wand der Wirtsstube zwei rostige Schwerter, die hatte der Wirt einmal als Pfand von zwei armen fahrenden Rittern erhalten. Niemand brauchte sie, und die Mädchen sagten, die könnten sie gern haben.

Der Jüngste dachte: „Ein Schwert kann ich nicht einmal im Traum bekommen." Trotzdem legte er sich in seiner Kammer aufs Bett, schloß die Augen und schlief ein. Auf einmal stand die schöne Frau da, hielt in einer Hand den Wurm am goldenen Band, in der anderen aber hatte sie ein Schwert, das leuchtete wie Flammen. Eine Schrift war darauf geschrieben:

> Den Guten ein Freund,
> den Bösen ein Feind.

Die Frau sagte: „Wenn du meine Tochter hier heiratest, erhältst du das Schwert." Er sagte zu, da sprach die Frau: „So gib ihr den Verlobungskuß."

Jetzt bekam er es doch mit der Angst zu tun. Er dachte aber: „Das kann ja nur ein Traum sein", beugte sich zum Wurm und küßte ihn.

Da erwachte er, die Frau und der Wurm waren verschwunden, aber das Schwert lag auf seinem Bett und erhellte das ganze Zimmer. Als er damit vor den König trat, sagte dieser: „Jetzt ist es entschieden, der Jüngste erhält das Reich. In drei Tagen sollt ihr eure Bräute bringen, dann erhält er die Krone."

Da wurde es dem Jüngsten noch einmal ganz schwer ums Herz; denn er wußte ja nicht, ob der Wurm überhaupt kommen würde und ob sein Vater mit dieser Braut einverstanden wäre.

Am dritten Tag holten die Brüder die beiden Wirtstöchter ab. Als sie im Saal standen, fragte der alte König: „Nun, mein Sohn, wo bleibt deine Braut?"

In diesem Augenblick fuhr vor dem Schloß eine goldene Kutsche vor, aus der stieg eine so schöne Jungfrau, man kann es nicht schreiben, nicht erzählen. Durch die ganze Welt hätte man gehen können und hätte doch solch eine Schönheit nicht gefunden.

Was wollten da die Brüder sagen? Sie heirateten die munteren Wirtstöchter und waren bei Bier und Braten zufrieden.

Der Jüngste erhielt die Krone und heiratete die schöne Braut. Übers Jahr wurde ihnen ein Mägdlein geboren. Der König saß nachts neben der Wiege und wachte, während die Königin in süßem Schlaf lag.

Mitten in der Nacht öffnete sich die Tür, die Frau trat ein, lächelte und legte den Finger an den Mund, um dem König zu bedeuten, daß er schweigen möge.

Sie beugte sich über das Kindlein, segnete es und legte einen Ring mit einer Perle auf das Bettdecklein als Taufgeschenk. Dann verschwand sie. Ich weiß nicht, ob sie seitdem noch jemand gesehen hat.

Meine Oberpfälzer Urgroßmutter erzählte, die Hebamme habe einmal wegen des vielen Schnees nicht rechtzeitig zur Entbindung da sein können. Da sei eine schöne Frau an ihr Bett getreten und habe ihr geholfen, das Kind zur Welt zu bringen und das sei die leichteste Geburt gewesen von allen.

DIE RÜCKKEHR
DER HILFREICHEN VIERZEHN

Vom Himmelswind sacht bewegt glitten vierzehn glänzende Wolken zwischen den Sternen hindurch, Sitze für die heiligen Nothelfer, denen es nach vollbrachter Erdenarbeit freistand, durch die endlosen, wunderbaren Räume des Weltalls zu reisen. Die Ungeduld der irdischen Zeit war verschwunden, Tag und Traum glitten ineinander, Eile und Weile spielten keine Rolle mehr. Seligkeit umhüllte, erfüllte die Vierzehn.

Aber dann geschah es, daß die Wölkchen sich der alten Erde näherten, dem kleinen, blauen Stern – und da erfaßte die Vierzehn eine mächtige Sehnsucht, die alte Heimat zu besuchen. Gerade schwebten sie über die eisigen Spitzen des Pamirgebirges – und leichtfüßig hüpften sie auf einen der Gipfel herab. Hier brauste ihnen ein so gewaltiger Sturm entgegen, daß sie beinahe wieder umgekehrt wären; doch Margaretas und Georgs Drachen bliesen Feuer aus den Nüstern – da schmolz der Schnee, Frühlingsblumen blühten, die Sonne schien vom blauen Himmel herab, und der eisige Sturm wehte als sanftes Lüftchen. Vergnügt setzten sich die Vierzehn auf den Hirsch des Eustachius und ließen sich talwärts tragen.

Aber weil die Vierzehn wieder in der Zeit reisten, dauerte es lange, bis sie zu einem Ort kamen, wo Menschen wohnten. Was sie sahen, schien ihnen zunächst ganz fremd und unverständlich; denn es war ein Kloster tibetischer Mönche, die in größter Einsamkeit lebten. Doch Ägidius, der selbst lange als Eremit gehaust hatte, faßte rasch Vertrauen zu ihnen und stellte sich und seine Gefährten vor. Die Mönche hatten noch nie von ihnen gehört, jedoch sie bewirteten sie freundlich mit ihren kargen Speisen und führten sie dann auf einen kleinen Turm, auf dem der heilige Alte, der Sternenkundige, lebte. Beglückt über den himmlischen Besuch, lud er sie ein, hier zu bleiben; doch die Vierzehn sagten, sie würden gern ihre frühere Heimat wiedersehen.

Der weise Alte, der nicht nur sternenkundig, sondern auch auf Erden weitgereist war, schaute sie nachdenklich an. „Ihr werdet die Welt sehr verändert finden", sagte er. Er schwieg eine Weile; dann holte er einen Schlüssel hervor und schloß eine Tür auf, die sie bisher gar nicht bemerkt hatten. Er führte sie in eine kleine, dunkle Kammer, in der sich eine winzige Maueröffnung befand. Sie war mit einem merkwürdig schimmernden Glas verkleidet. Der Alte ließ die Vierzehn nacheinander hindurchblicken. Da schauten sie Unerhörtes, nie Dagewesenes – die Welt, wie sie fast zweitausend Jahre nach ihrem Erdenleben war. Lange schauten sie, lange sannen sie nach, dann sprachen sie zueinander: „Es hat wohl nicht viel Sinn, wenn wir noch einmal zurückkehren. Es kennt uns ja auch niemand mehr."

Als der Alte ihre Trauer bemerkte, lächelte er und sagte: „Ich will euch noch etwas zeigen." Er drehte ein wenig an dem geheimnisvollen Glas, daß es in den Farben des Regenbogens aufleuchtete. Er drehte weiter, die Farben flossen ineinander, und das Glas strahlte in himmlischem Weiß. „Schaut!" sagte der Alte. Einer nach dem andern blickte wieder hindurch – und Rufe des Staunens, der Freude waren zu hören: Vor ihren Augen erhob sich ein prächtiger Bau auf einem grünen Hügel. Sie konnten auch ins Innere sehen, das glänzte im Licht zahlreicher Kerzen. Mitten im Raum war ein Gebilde, sie wußten nicht, war es ein Baum, ein Brunnen, ein Altar. Vierzehn Gestalten schienen darauf zu schweben in Gewändern aus klarem Weiß und glänzendem Gold. „Wer sind diese vierzehn Figuren?" flüsterten die Heiligen. „Das sind eure Abbilder", sagte der Alte lächelnd. „So sind wir noch nicht vergessen?" fragten die Vierzehn.

Der Alte wiegte den Kopf. „Vergessen oder nicht vergessen – was bedeutet das schon?" Aber die Vierzehn hörten ihm kaum noch zu. „Wir wollen dorthin reisen", sagten sie. „Wir möchten endlich wieder zu den Menschen gehen. Vielleicht brauchen sie uns noch. Kannst du uns den Weg zeigen?"

„Der Weg ist weit", erwiderte der Alte, „und da ihr schon zur anderen Welt gehört, könnt ihr ihn nicht so ohne weiteres gehen. Bis hierher zu uns konntet ihr noch gelangen, denn wir sind dem Himmel näher als der Erde. Aber ehe ihr dies Gebirge verlassen könnt, müßt ihr durch das *Tor der Geschriebenen Worte* – und das ist fester verschlossen als jede andere Tür der Welt."

„Mein Drache wird es öffnen", rief Georg feurig. Aber der weise Alte lächelte nur. „Kein Drache, kein Zauberstab, kein geheimes Wort öffnet dieses Tor, wenn der *Herr der Tausend Bücher* es nicht will. Nur er hat den Schlüssel, und gegen seinen Willen kommt keiner durch das Tor." Niedergeschlagen fragten die Vierzehn: „Wie sollen wir ihn bewegen, uns zu öffnen?" Der Alte sagte: „Am besten geht ihr zur alten Thura. Die wohnt in der Nähe des Tors beim *Fluß der Geschichten*. Vielleicht kann sie euch beraten."

Nun wurden die Vierzehn nochmals mit Tee und Fladen bewirtet, die Drachen bahnten den Weg, und der Hirsch trug sie zur alten Thura. Freundlich empfing sie die Vierzehn, und begrüßte sie bei ihrem Namen. Sie staunten: „Woher kennst du uns?"

„Der *Fluß der Geschichten* hat mir von euch erzählt", sprach sie. Da nahmen sie ein Rauschen wahr, das war so seltsam, wie sie es noch nie vernommen hatten. Es schien ihnen so stark wie der Sturm des Gebirges, wild wie das Tosen des Wasserfalls und zugleich so sanft wie das Wiegenlied der alten Großmutter, die den Enkel in Schlaf singt. Am liebsten hätten sie sich am Ufer niedergesetzt und immerzu gelauscht. Doch sie erinnerten sich gerade noch daran, daß sie ja zu den Menschen wollten. „Alte Thura", sprachen sie, „kannst du uns sagen, wie wir durch das *Tor der Geschriebenen Worte* kommen?" Thura sagte: „Das ist fast unmöglich. Viele versuchen es – kaum einem gelingt es. Doch ich will euch einen guten Rat geben: Badet im *Fluß der Geschichten*, und was er euch zuraunt, das erzählt dem *Herrn der Tausend Bücher*. Vielleicht gefallen ihm die Geschichten so gut, daß er euch passieren läßt." Die Vierzehn dankten der alten Thura und gingen zum Fluß.

Thura schaute ihnen nach. Wie würde es ihnen weiter ergehen? Sie wußte es nicht, aber sie wünschte ihnen Glück zu der Reise.